천천히 제대로 읽는 한국사

천천히 **제**대로 읽는 **한국사 1** 선사~삼국

ⓒ 이지수, 장선환 2017

초판 1쇄 발행 2017년 2월 15일 | 3쇄 발행 2017년 10월 18일

지은이 이지수 | **그린이** 장선환 | **펴낸이** 이상훈 | **기획** 이지수 | **편집** 박상육 염미희 최연희 신은선 | **윤문** 김선희
디자인 골무 | **지도** 박성영 | **마케팅** 조재성 천용호 박신영 | **경영지원** 정혜진 장혜정 이송이

펴낸곳 한겨레출판(주) www.hanibook.co.kr | **주소** 서울시 마포구 공덕동 116-25 한겨레신문사 4층
전화 02-6383-1602~3 | **팩스** 02-6383-1610 | **출판등록** 2006년 1월 4일 제313-2006-00003호

ISBN 979-11-6040-043-4 74910
　　　979-11-6040-042-7(세트)

• 값은 뒤표지에 있습니다.
• 이 책의 일부 또는 전부를 재사용하려면 반드시 저작권자와 한겨레출판(주) 양측의 동의를 얻어야 합니다.
• KC마크는 이 제품이 공통안전기준에 적합하였음을 의미합니다.
⚠ 책 모서리에 다치지 않게 주의하세요.

천천히 제대로 읽는 한국사 1
선사~삼국

이지수 지음 | 장선환 그림

한겨레출판

작가의 말

역사, 재미있게 읽고 제대로 이해하자

"역사란 무엇인가요?" "역사는 왜 배우는 것인가요?"

역사학자들에게는 답하기 꽤 곤란한 질문입니다. 물론 준비된 답변이 없는 것은 아니지만, 질문에 답할 때마다 무엇인가 충분하지 못하다는 느낌을 받습니다. 역사학자로서 솔직하게 답하자면, "왜 험한 산에 오르려 하느냐?"는 질문에 대한 어느 유명한 등산가의 대답과 같습니다. "거기에 그 산이 있기 때문입니다."

질문을 조금 구체화시켜서, "역사를 어떻게 공부하고 어떻게 가르쳐야 하나요?" 하고 물으면 이번에는 답하기가 조금 쉬워집니다. 역사학이라는 학문은 사실과 논리로 구성됩니다. 사실은 과거에 일어난 일, 또는 그 일에 대한 기록을 말합니다. 논리는 그 사실들로부터 중요한 것을 가려내고 인과관계를 밝히며 의미를 찾아내는 따위의 일입니다.

말하기 쉽게 사실과 논리를 나누었지만, 이 두 가지는 분리될 수 없습니다. 많은 사실 중에서 역사적인 가치가 있다고 선택하고 기록하는 일에도 이미 논리(주관)가 개입되니까요. 이렇게 역사는 어떤 사실을 선택해서 어떤 논리로 보느냐에 따라 해석이 달라집니다.

그러면 어린이들도 역사를 배울 때 저마다 다르게 배울 수밖에 없을까요? 꼭 그렇지는 않습니다. 역사학도 다른 학문처럼 배우는 단계가 있습니다. 수학을 배울 때 덧셈 뺄셈부터 배우듯이, 역사를 배울 때도 많은 사람들이 중요하다고 동의하는 사실과 가치 위주로 먼저 배워야 합니다. 그렇다고 역사적 사실이나 가치를 단순히 나열하기만 한 책으로 공부한다면 어린이들이 역사의 흐름을 읽고 이해하기 어려울 뿐 아니라 흥미를 잃기 십상입니다. 반대로 읽기 쉽게 한다는 핑계로 재미 위주로만 쓴 책으로 공부한다면 역사의 흐름을 놓치는 것은 물론이고 사실과 동떨어진 잘못된 역사 지식을 갖게 될 수도 있습니다. 어떻게 하면 어린이들이 역사를 재미있게 공부하고 제대로 이해하도록 도울 수 있을까요? 글쓴이들의 고민은 여기에서부터 출발했습니다.

《천천히 제대로 읽는 한국사》는 먼저 시간의 흐름에 따른 역사의 큰 줄거리를 보여 주려고 노력했습니다. 이를 위해 고전적인 방법이라고 할 수 있는, 정치사 위주의 서술 방법을 선택했습니다. 정치사를 씨줄로 하고 경제·사회·문화 등의 각 분야의 흐름을 날줄처럼 엮어 이해하기 쉽게 설명했습니다.

《천천히 제대로 읽는 한국사》는 역사적 사건과 사건 사이의 연관성이나 인과관계를 또렷이 드러내기 위해 노력했습니다. 역사적 사건에는 배경과 결과들이 시간·공간적으로 얽혀 있게 마련입니다. 《천천히 제대로 읽는 한국사》는 이들 내용을 생략하거나 건너뛰지 않고 꼼꼼히 서술했습니다. 천천히 읽다 보면, '아! 그래서 이런 일이 벌어졌던 것이구나!' 하고 역사의 흐름을 알아 가는 재미를 느낄 수 있을 것입니다. 이렇게 역사를 이해하면 억지로 외워야 할 사건은 크게 줄어듭니다. 역사학자들이 역사에 대해 술술 이야기할 수 있는 비밀도 실은 이 흐름이 머릿속에 들어 있기 때문입니다.

《천천히 제대로 읽는 한국사》는 한국사와 관련된 아시아와 전 세계의 역사도 자세히 살폈습니다. 우리 역사에는 국제 관계 속에서 바라보지 않으면 제대로 이해되지 않는 사건들도 많이 있습니다. 이를 자세히 설명하여 역사적 사건에 대해 깊이 이해할 수 있도록 하였습니다.

이 밖에 '역사 발자국' '인물과 사건' '유물로 보는 역사' 같은 꼭지에서는 본문에서 설명이 부족했던 부분이나 흥미 있는 지식을 담았습니다. 유적과 유물 등의 사진 자료는 시대적인 연관성과 가치를 기준으로 삼아 적절하게 배치했으며, 삽화 또한 고증을 거쳐 최대한 사실에 가깝게 그려 넣었습니다.

부모님과 선생님께서 이 책을 함께 읽고 이야기를 나누어 주시면 어린이들은 자연스럽게 역사에 대한 풍성한 지식과 균형감 있는 관점을 갖추게 될 것입니다.

김도환, 박성준, 이지수

차례

작가의 말 … 4

선사시대

인류의 탄생과 진화 … 10
한반도의 첫 인류 … 17
한반도의 구석기시대 생활 모습 … 20
신석기시대의 시작 … 26
한반도의 신석기시대 생활 모습 … 32
청동기시대의 시작 … 40
한반도의 청동기시대 생활 모습 … 45
[인물과 사건] 한반도의 구석기시대 사람들 … 52
[유물로 보는 역사] 고인돌 … 54

고조선과 국가의 등장

신화 속 고조선 … 58
고조선의 사회와 정치 … 64
위만조선 … 67
고조선의 뒤를 이은 나라들 … 71
[인물과 사건] 위만조선 … 82
[유물로 보는 역사] 잔무늬청동거울 … 84

삼국의 건국과 발전

건국 신화로 본 삼국의 탄생 … 88
삼국의 성장 … 93
삼국시대의 생활 모습 … 102
가야의 성장과 한계 … 107
[인물과 사건] 가야 소녀 송현이 … 110
[유물로 보는 역사] 사신도 … 112

삼국의 전쟁과 통일

백제, 한강 유역을 다스리다 … 116
고구려의 전성기 … 122
신라, 한반도의 새로운 주인공 … 128
고구려와 수나라의 전쟁 … 135
고구려와 당나라의 전쟁 … 145
신라, 삼국을 통일하다 … 148
[인물과 사건] 신라의 세 여왕 … 156
[유물로 보는 역사] 무령왕릉 … 158

통일신라와 발해

통일신라의 성장 … 162
발해의 건국과 발전 … 170
경주 귀족과 장보고 … 174
발해의 멸망 … 180
후삼국의 통일 전쟁 … 183
[인물과 사건] 고구려 유민 이정기 … 190
[유물로 보는 역사] 불국사 … 192

연표 … 194
찾아보기 … 196

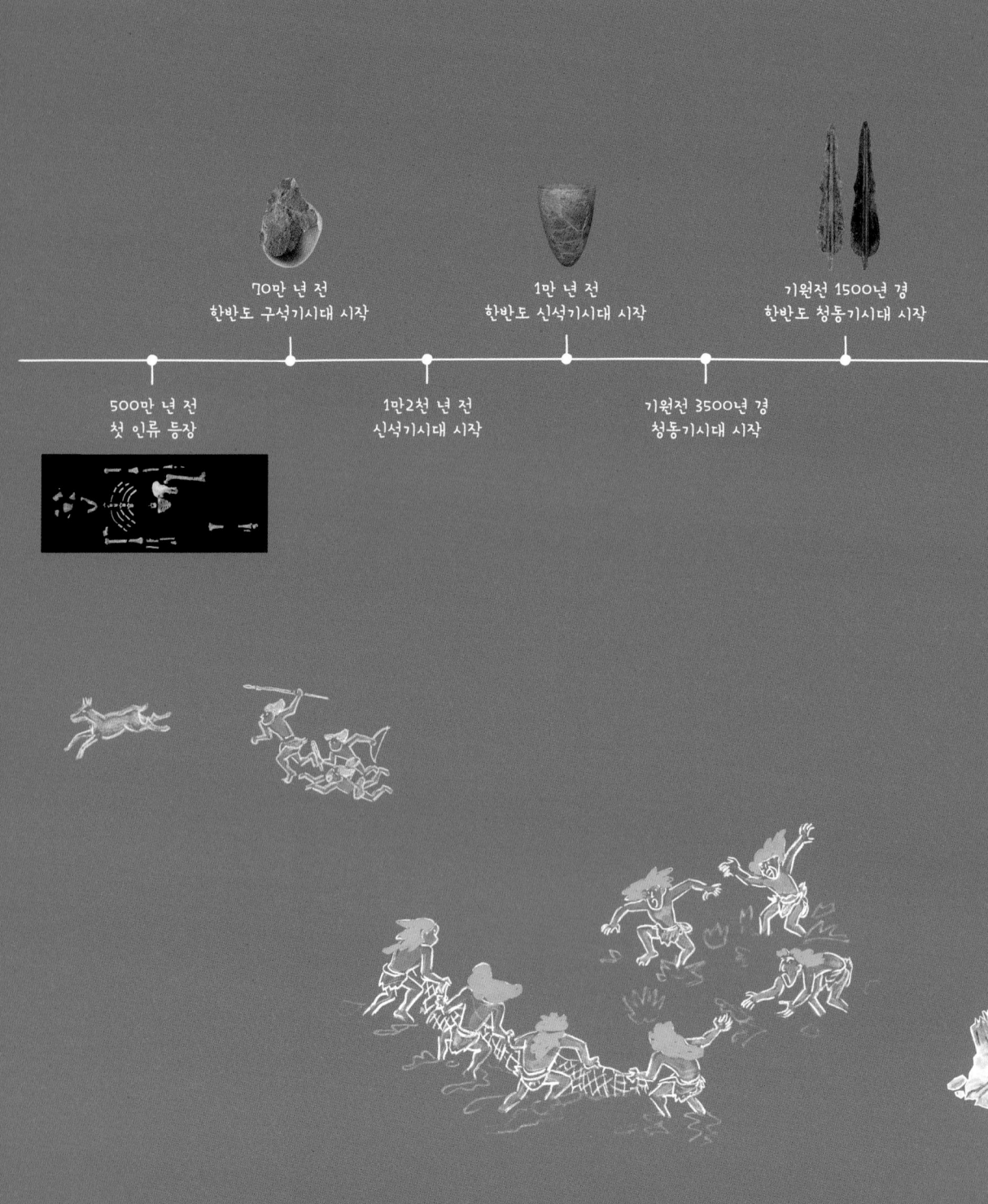

선사시대

선사시대란 문자가 발명되어 역사적 사실이 기록되기 전 시대를 말합니다. 인류는 약 500만 년 전에 탄생했는데 문자를 발명한 것은 5천 년 전쯤이니, 선사시대는 인류 역사의 99.9퍼센트를 차지하는 셈입니다. 선사시대는 워낙 오래전이라 그 흔적이 대부분 사라졌습니다. 드물게 남아 있던 유적과 유물을 통해 그 시대가 어떠했는지 어렴풋이 짐작할 수 있을 뿐입니다. 선사시대 사람들은 언제, 어디서 처음 생겨났을까요? 그들은 거친 자연환경과 생태계에서 어떻게 살아남았을까요? 그리고 오늘날 우리에게 어떤 유산을 남겨 주었을까요?

인류의 탄생과 진화

약 500만 년 전 지구의 기후가 빠르게 바뀌고 불안정해지면서 아프리카 열대 우림이 초원으로 바뀌었습니다. 이때 나무 위에서 살던 유인원 가운데 한 종이 땅으로 내려와 생활했습니다. 이들이 바로 최초의 인류 오스트랄로피테쿠스입니다. 오스트랄로피테쿠스는 인류의 조상이기는 하지만 현생 인류와 차이점도 많습니다. 엄밀히 말하면 이들은 유인원과 인류의 중간쯤 되는 존재입니다. 두 발로 걷고 손을 사용했지만 아직 오랑우탄이나 침팬지와 같은 유인원의 특징도 많이 가지고 있었습니다.

아프리카 중동부와 남부 지역에서 발견된 오스트랄로피테쿠스의 화석들은 유인원처럼 턱이 앞으로 튀어나오고 이마는 밋밋하게 뒤로 기울어져 있습니다. 하지만 넓적다리뼈가 안쪽으로 오므려져 있고 엉덩이뼈가 넓고 짧습니다. 두 발로 걸을 수 있는 신체 구조를 가지고 있는 것입니다. 뇌 크기도 유인원보다 컸습니

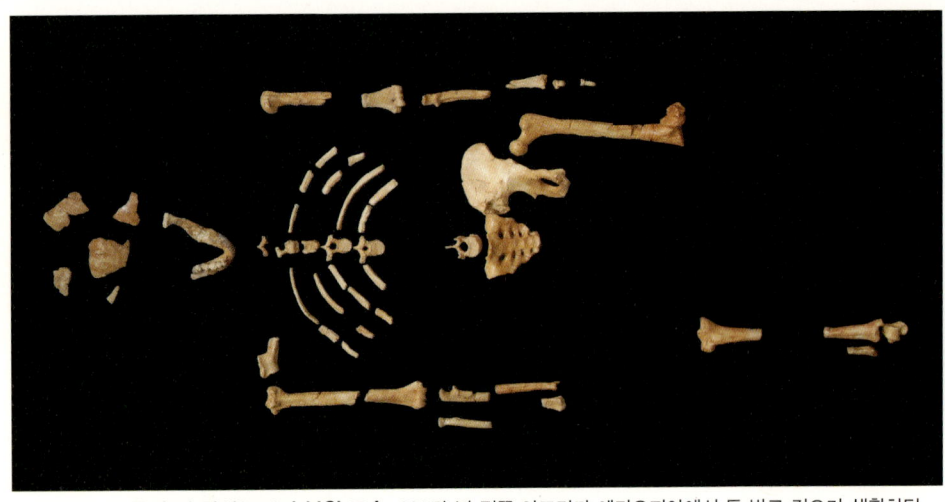
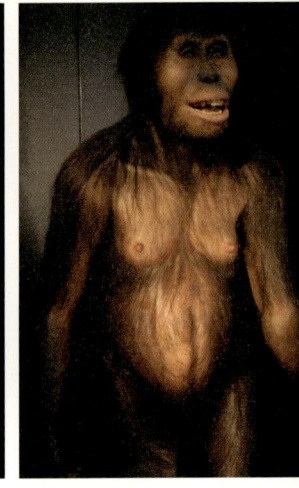

루시 뼈 화석(왼쪽)과 복원 모습 390만 년 전쯤 아프리카 에티오피아에서 두 발로 걸으며 생활하던 오스트랄로피테쿠스 아파렌시스의 뼈 화석입니다. 뼈 화석을 발견한 고고학자는 '루시'라는 이름을 붙여 주었습니다. 루시는 겉모습이 원숭이와 닮았지만 어엿한 인류의 첫 어머니입니다.

다. 오스트랄로피테쿠스는 우리말로 '(아프리카) 남쪽 원숭이'라는 뜻입니다.

여러 종류의 오스트랄로피테쿠스 중에서 가장 널리 알려진 종은 약 390만 년 전에 살았던 오스트랄로피테쿠스 아파렌시스입니다. 1974년 에티오피아에서 발견된 아파렌시스 종 화석에는 발견 당시 유행하던 노래 제목에서 따 온 '루시'라는 이름이 붙여졌습니다. 200만 년 전에는 도구를 사용하는 인류, 즉 호모 하빌리스가 등장했습니다. 호모 하빌리스는 오스트랄로피테쿠스에 견주어 뇌 용적이 크고 어금니 크기가 작아 오늘날 인류와 조금 더 비슷했습니다. 이들은 자연 상태에서 구하기 쉬운 돌이나 나뭇가지로 도구를 만들었습니다. 몇몇 동물들도 돌이나 나뭇가지를 도구로 사용하지만, 사용하기 편리하도록 도구를 가공한 것은 인류가 유일합니다.

180만 년 전에는 호모 에렉투스가 등장했습니다. 이들은 불을 다루고 간단한 말로 의사소통을 할 수 있었습니다. 호모 에렉투스는 아프리카를 벗어나 세계로 퍼져 나갔습니다. 이들은 빙하기와 간빙기(빙하기와 빙하기 사이에 잠시 기온이 올라가던 시기)가 반복되는 기후 속에서 유럽과 아시아 곳곳에 뿌리내렸습니다.

20만 년 전쯤에는 '지혜로운 사람'이라는 뜻의 호모 사피엔스가 출현하고, 빙하기가 끝날 무렵인 4만 년 전쯤에 이르러서야 비로소 현생 인류인 호모 사피엔스 사피엔스가 출현했습니다. 현생 인류는 우리의 직접 조상입니다. 신체적 특징도 거의 같고 지능도 비슷합니다.

현생 인류가 출현하기까지는 오랜 시간이 걸렸습니다. 현생 인류는 유인원과 인류의 공동 조상에서 출발해 아주 오랫동안 진화와 멸종을 거듭하며 생겨난 것입니다. 다시 말하자면, 4만 년 전부터는 인류의 역사이고, 그 이전에는 인류가 만들어지는 역사라고 할 수 있습니다.

인간은 날카로운 발톱이나 뿔도 없고, 달리기도 빠르지 않고, 힘도 세지 않습니다. 이처럼 나약하던 인간은 척박한 원시 자연 환경에서 어떻게 살아남아 오늘날까지 생존하고 진화할 수 있었을까요?

인간은 홀로 지내지 않고 무리를 지어 생활했습니다. 인간은 가족과 사회, 국가 등 강력한 집단생활을 통해 생존 가능성을 높여 갔습니다. 현대의 발전된 문명을 이룰 수 있었던 까닭도 인간이 '사회적 동물'이었기 때문입니다.

도구를 사용한 것도 인류의 생존과 발전에 결정적인 전환점이 되었습니다. 두 발로 걷기 시작한 인류는 손으로 무언가를 쥐고 사용하기 시작했습니다. 처음에는 자연 상태의 돌이나 나뭇가지를 이용하다가, 점차 사용하기에 편리한 도구를 의식적으로 만들기 시작했습니다. 처음으로 도구를 만들어 사용한 인류는 200만 년 전에 살았던 호모 하빌리스입니다. 호모 하빌리스는 돌을 깨뜨려서 날을 날카롭게 세운 뗀석기를 만들었습니다. 뗀석기를 만들려면 논리적인 사고가 필요합니다. 먼저 원하는 모양을 떠올리며 어떻게 돌을 깨뜨리고 다듬을지 미리 생각해 두어야 합니다. 또 돌의 종류에 따른 특성도 잘 알아야 합니다.

호모 하빌리스가 뗀석기를 만드는 모습을 한번 떠올려 볼까요? 뗀석기를 만들

뗀석기 만드는 방법

던져떼기 돌감을 던져서 깨뜨리기

모루떼기 돌감을 쥐고 큰 돌(모루)에 내리치기

직접떼기 망치 돌 등으로 돌감을 직접 때리기

눌러떼기 뿔, 뼈 등으로 돌날을 떼어 내기

려면 먼저 망치 역할을 할 돌과 뗀석기로 만들 돌이 필요합니다. 망치 돌은 단단하면서 손으로 움켜쥐기에 적당한 크기가 좋고, 뗀석기 돌감은 깨뜨렸을 때 날이 날카롭게 잘 서야 합니다. 알맞은 돌을 고른 다음에는 망치 돌로 뗀석기 돌감을 내리쳐 큰 조각을 떼어 내고 요모조모 살펴 가며 모양을 다듬고 날을 세워 갑니다. 그러면 찍개와 주먹도끼 같은 멋진 뗀석기가 모습을 드러냅니다. 또 이렇게 뗀석기를 만들다 보면 돌 조각들이 많이 떨어져 나옵니다. 이 가운데 날이 잘 서 있는 돌 조각은 훌륭한 긁개가 되었습니다.

처음 만들어진 뗀석기는 찍개와 주먹도끼와 긁개 같은 단순한 도구였습니다. 아직은 정교한 뗀석기를 만들 기술이 없었습니다. 게다가 사냥과 채집 생활에는 복잡한 도구가 필요하지 않았습니다. 찍개와 주먹도끼는 주로 동물을 사냥하고, 뼈를 부수고, 땅을 파는 데 쓰였습니다. 오늘날 괭이와 도끼, 망치처럼요. 또 긁개는 가죽을 벗기고, 고기를 자르고, 식물을 채집할 때 쓰였습니다. 오늘날 낫과

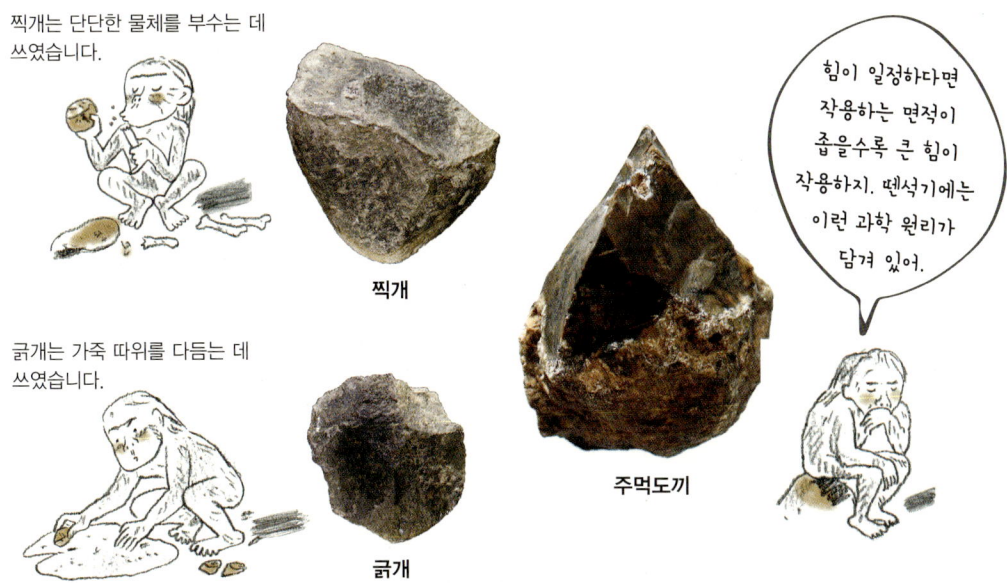

찍개는 단단한 물체를 부수는 데 쓰였습니다.

긁개는 가죽 따위를 다듬는 데 쓰였습니다.

찍개

긁개

주먹도끼

힘이 일정하다면 작용하는 면적이 좁을수록 큰 힘이 작용하지. 뗀석기에는 이런 과학 원리가 담겨 있어.

칼 같은 도구였습니다.

　이처럼 뗀석기는 자연 상태의 돌보다 훨씬 강력하고 쓸모가 많았습니다. 이제는 몸집이 크고 힘센 동물을 사냥하고, 더 많은 식물을 채집할 수 있었습니다. 또 동물 가죽이나 나뭇잎으로 손쉽게 옷을 만들어서 입을 수도 있게 되었습니다. 아직 원시적이기는 하지만 비로소 여느 동물과 다른 인류의 역사, 곧 구석기시대가 시작된 것입니다.

　구석기시대 인류는 한동안 뗀석기를 직접 움켜쥐고 사용했습니다. 하지만 맨손으로 날카로운 돌을 다루다 보니 쉽게 다치는 데다 힘을 제대로 쓰기도 어려웠습니다. 어떻게 하면 뗀석기를 좀 더 편리하고 안전하게 다룰 수 있을까요? 뗀석기를 좀 더 효율적인 도구로 만든 것은 바로 나무 자루입니다.

　자루를 붙인 뗀석기는 인류 역사에서 또 하나의 놀라운 발명품이었습니다. 나

슴베 창 만드는 과정

슴베

수백만 년 전 시대를 측정하는 방법

고고학자들은 오스트랄로피테쿠스가 500~390만 년 전 지구상에 처음 나타났다고 말합니다. '500~390만 년'은 상상할 수 없을 만큼 오래전 시간입니다. 고고학자들은 어떻게 이처럼 수백만 년 전 연대를 측정할 수 있을까요?

고고학에서 가장 많이 사용하는 연대 측정법은 방사성 탄소 측정법입니다. 원리를 잠깐 살펴볼까요? 대기 중에 있는 탄소 화합물에는 방사성 탄소라는 물질이 포함되어 있습니다. 모든 생명체는 호흡(광합성)을 하기 때문에 생명체의 몸속에는 방사성 탄소가 대기와 똑같은 농도로 축적되어 있습니다. 생명체가 죽어서 호흡이 끊기면 이때부터 방사성 탄소는 천천히 줄어듭니다. 방사성 탄소는 약 5,730년마다 절반씩 줄어듭니다. 따라서 죽은 생명체의 화석에 남아 있는 방사성 탄소의 농도를 측정하면 그 생명체가 죽은 시기를 알아낼 수 있습니다. 그런데 방사성 탄소는 5만 년쯤 지나면 거의 사라지기 때문에 그 이상의 연대 측정은 불가능합니다. 더 오래된 화석의 생성 연대를 알기 위해서는 '우라늄-납' '포타늄-아르곤'처럼 수억 년에 걸쳐 더디게 줄어드는 물질을 이용합니다.

다만 이런 직접 연대 측정 방법이 아주 정확한 것은 아닙니다. 화석(분석 재료)이 자연 상태에서 오랫동안 온전히 보존되기 어렵고 여러 가지 이유로 오염되어 있을 가능성이 많기 때문입니다. 게다가 측량할 화석 재료가 드물고 상태가 제각각이다 보니 특정한 생명체의 발생 연대 측정 결과도 차이가 날 수밖에 없습니다. 오스트랄로피테쿠스를 비롯한 고대 인류가 등장한 시기에 대해 학자들마다 수십~수백만 년씩 차이가 나게 추정하는 이유도 여기에 있습니다.

오스트랄로피테쿠스 활동 지역 ▶ 호모 에렉투스 이동 길 ▶ 현생 인류 이동 길

인류의 탄생과 이동 500만 년 전 아프리카에서 두 발로 걷는 원숭이, 즉 오스트랄로피테쿠스가 등장했습니다. 180만 년 전에 등장한 호모 에렉투스는 세계 곳곳으로 이동해서 생활하다가 4만 년 전쯤 호모 사피엔스 사피엔스가 그 자리를 대신해 현생 인류가 되었습니다.

무 자루는 그 길이만큼 위험에서 멀찍이 떨어뜨려 주었습니다. 또 나무 자루 끝에 무거운 돌을 매달아 휘두르면 가속도가 붙어 강력한 힘을 내뿜었습니다. 나무 자루에 뗀석기를 매달아 돌도끼와 돌창으로 사용한 구석기시대 인류는 맹수와 겨룰 수 있게 되었습니다.

 나무에 돌을 묶는 방법도 차츰 발전했습니다. 처음에는 돌을 나무 자루 끝에 끈으로 묶었습니다. 하지만 이런 방법으로는 아무리 단단하게 묶어도 곧 느슨해져서 풀려 버렸습니다. 구석기시대 인류는 여러 방법을 시도해 보다가 뗀석기 아랫부분을 길쭉하게 다듬은 다음 나무 자루에 끼우는 방법을 생각해 냈습니다. 길쭉하게 다듬은 아랫부분, 즉 슴베는 자루와 뗀석기를 마치 한 몸처럼 단단하고 안정감 있게 연결해 주었습니다. 슴베 연결 방법은 오늘날까지 호미나 낫, 칼 등을 만들 때 널리 사용됩니다.

한반도의 첫 인류

구석기시대 인류는 언제부터 한반도에 살기 시작했을까요? 한반도에서는 1935년에 처음 구석기 인류가 살던 흔적이 발견되었습니다. 함경북도 동관진에서 철도를 놓기 위해 땅을 파헤치다가 동물 뼈와 뗀석기를 발견한 것입니다. 하지만 그때는 우리나라가 일본 제국주의의 지배를 받고 있어서 이 유물은 제대로 연구되지 못했습니다. 동관진 유물은 해방이 되고 나서야 한반도에서 발견된 최초의 구석기 유물로 인정받았습니다.

그 뒤로도 구석기 유적과 유물이 여러 곳에서 발견되었습니다. 평양 상원의 검은모루동굴에서는 뗀석기와 쌍코뿔이·넓적큰뿔사슴·원숭이·하이에나 같은 동

두루봉동굴 발굴 모습(1977년), 동물 뼈 화석(오른쪽 위), 동굴곰 복원 모습(오른쪽 아래)
충청북도 청원군 두루봉동굴에서는 20만 년 전 구석기 도구와 더불어 코끼리·동굴곰·쌍코뿔이·하이에나·사슴 같은 동물 뼈가 출토되었습니다.

물 뼈 화석이 발견되었습니다. 70~40만 년 전에 구석기 인류가 살던 흔적입니다.

한편, 1978년 경기도 연천 전곡리에서는 구석기 역사 연구를 뒤흔드는 사건이 일어났습니다. 우리나라에서 근무하던 미군 병사가 한탄강에 놀러 갔다가 우연히 강가에서 양면 주먹도끼를 주운 것입니다. 양면 주먹도끼는 날 부분만 떼어 낸 원시 찍개보다 발전된 도구입니다. 이전까지 양면 주먹도끼는 아프리카와 유럽의 구석기시대 유적에서만 발굴되었습니다. 그래서 세계 고고학계는 아시아의 구석기 문화가 아프리카와 유럽보다 훨씬 뒤처진다고 여겨 왔습니다. 하지만 연천 전곡리에서 양면 주먹도끼가 나오면서 이런 생각이 뒤집혔습니다. 뒤이어 중국을 비롯한 아시아 곳곳에서 양면 주먹도끼가 출토되었고, 세계 구석기 문화 지도가 다시 그려졌습니다.

전곡리 주먹도끼 경기도 연천 전곡리에서 발견된 주먹도끼는 세계 구석기시대 문화를 새롭게 평가하는 계기가 되었습니다.

구석기시대 사람 뼈 화석도 여러 곳에서 발견되었습니다. 평안남도 덕천 승리산 기슭의 동굴에는 갖가지 동물 뼈와 더불어 사람의 이빨과 어깨뼈가 묻혀 있었습니다. 뼈의 주인공은 20만 년 전쯤 이 동굴에서 살던 구석기시대 사람으로 밝혀졌습니다. 또 충청북도 청원의 두루봉동굴에서는 110센티미터쯤 되는 어린아이의 뼈 화석이 제 모습을 거의 갖춘 상태로 발굴되었습니다. 이 뼈 화석에는 발견한 사람 이름을 따서 '흥수아이'라는 이름이 붙여졌습니다. 흥수아이는 평평한

 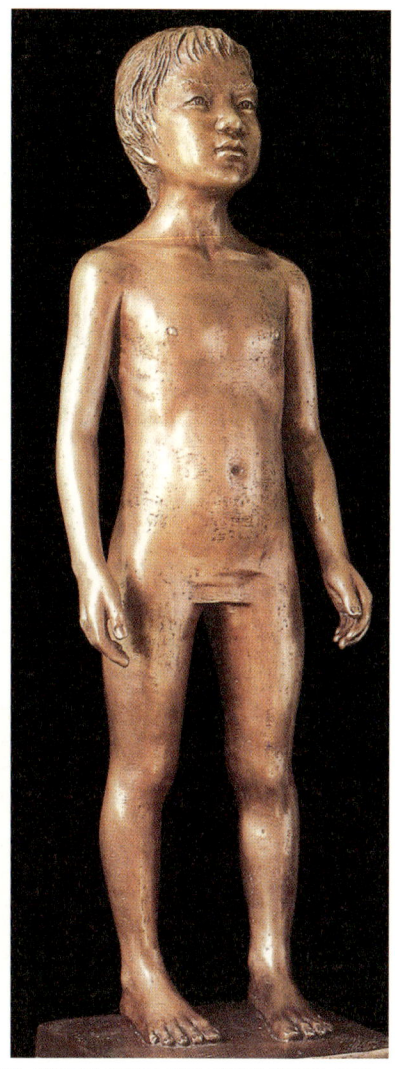

흥수아이 뼈 화석(왼쪽), 흥수아이 복원 모습 흥수아이는 구석기시대 사람들이 죽음에 대해 어떻게 생각했는지를 잘 보여 주고 있습니다. 충청북도 청원 두루봉동굴.

석회암 돌 위에 눕혀져 있고, 고운 흙으로 덮여 있었습니다. 가슴 부위에는 국화꽃 꽃가루가 발견되었습니다. 4만 년 전쯤, 아마도 가족들은 흥수아이의 죽음을 슬퍼하며 국화꽃으로 무덤을 장식했을 것입니다.

한반도의 구석기시대 생활 모습

구석기시대 사람들은 식물 열매와 뿌리, 곤충과 번데기 등을 채집하거나 동물과 물고기를 사냥해서 먹었습니다. 채집은 아무래도 사냥보다 안전하고 쉬웠습니다. 구석기시대 사람들은 어떻게 먹을 수 있는 것과 먹을 수 없는 것을 구별했을까요? 처음에는 닥치는 대로 먹어 보는 수밖에 없었습니다. 어떤 풀잎은 냄새가 고약하고, 어떤 열매는 너무 떫고, 어떤 뿌리는 배탈이 난다는 사실을 몸으로 알아 갔습니다.

사냥은 채집보다 어려웠지만 포기할 수 없었습니다. 단백질과 지방 같은 영양분을 섭취하기 위해서는 고기를 먹어야 했습니다. 사냥한 동물들은 주로 불에 구워 먹었습니다. 고기를 불에 구우면 더 부드러워져서 소화도 잘 됐고, 색다른 맛을 느낄 수 있었습니다. 또 병균을 없애 주고, 날고기보다 오래 보관할 수도 있었습니다.

채집과 사냥 기술이 많이 발전했다 해도 먹을거리는 늘 부족했습니다. 구석기시대는 빙하기에 속하는 시기가 많아 지금보다 추웠습니다. 한반도를 비롯해 전 세계가 오늘날보다 훨씬 추웠습니다. 따라서 구석기시대 사람들은 먹을거리를 찾아 삶의 터전을 옮겨 다녀야 했습니다. 구석기시대는 끊임 없는 이동의 역사였습니다.

한반도의 구석기시대 사람들도 이곳저곳 옮겨 가며 살았습니다. 하지만 아무리 이동 생활을 한다 하더라도 한곳에 머무를 때면 마음 편하게 쉬면서 생활할 공간이 필요합니다. 이때 구석기시대 사람들이 가장 먼저 찾은 곳은 동굴이었을 것입니다. 동굴은 비바람을 피하고 맹수의 공격을 막기에 유리하기 때문입니다.

그런데 동굴은 산악 지대에 있는 경우가 많습니다. 산악 지대는 평야 지대보다 춥고 먹을거리를 구하기가 훨씬 어렵습니다. 그러니 먹을거리를 구하는 게 우선

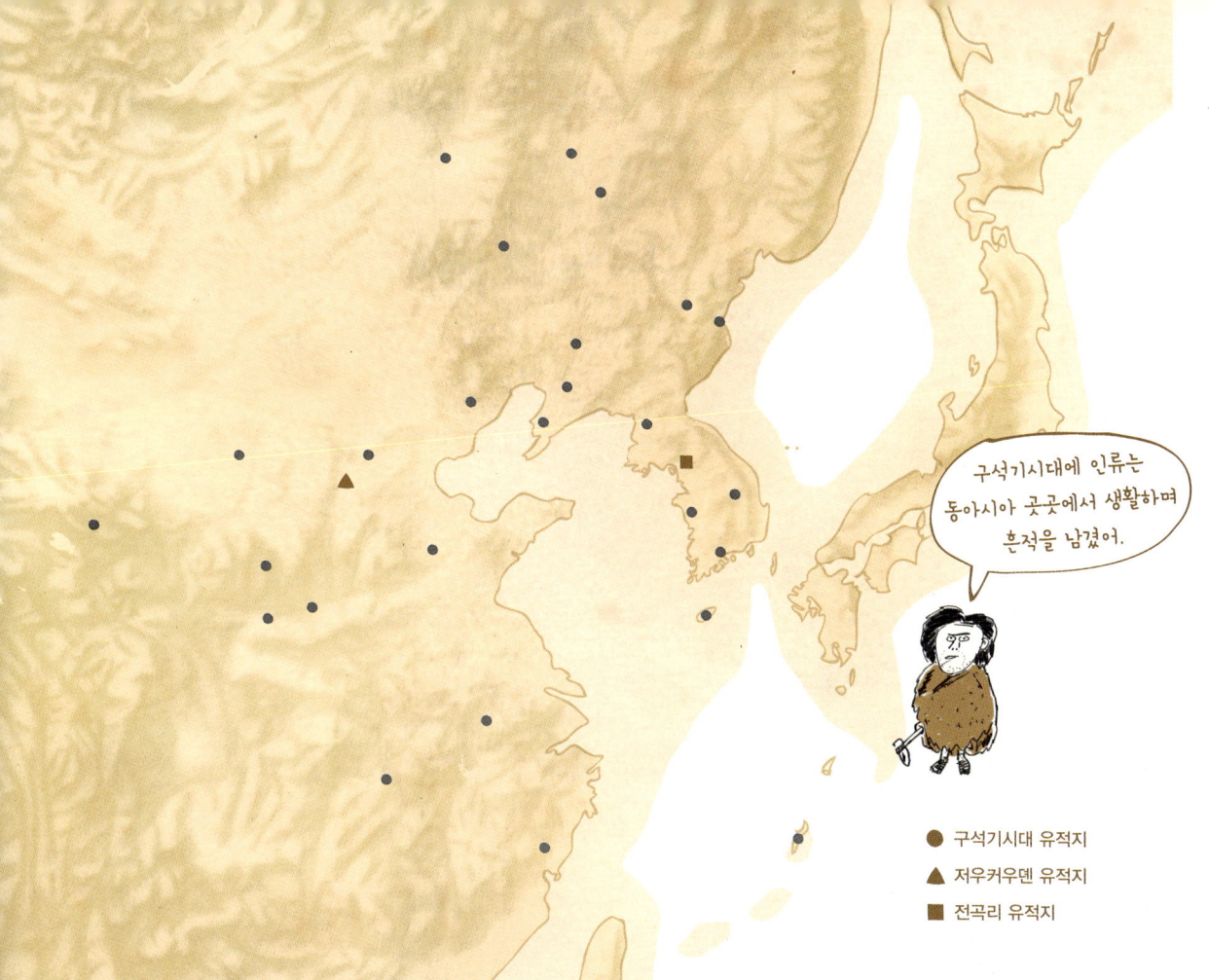

동아시아 주요 구석기시대 유적지 동아시아에는 구석기시대 유적이 널리 퍼져 있습니다. 그중에서도 중국 저우커우뎬(주구점)에서 발견된 베이징원인 뼈 화석과 한반도 전곡리에서 발견된 양면 주먹도끼는 인류의 진화와 문화 이동을 밝히는 중요한 실마리가 되었습니다.

이었던 구석기시대 사람들은 동굴보다 안전하지 않더라도 먹을거리가 풍부한 들판과 강가에 더 자주, 더 오래 머물렀을 것입니다. 구석기시대 사람들은 평야에서는 커다란 바위 그늘 같은 곳에서 지내거나, 그것도 여의치 않으면 나뭇가지와 풀로 움막을 지어서 추위와 위험으로부터 몸을 보호했을 것입니다.

평야에 있던 구석기시대 유적은 후세 사람들이 농사를 짓거나 건물이나 도로를 만들면서 대부분 흔적 없이 사라졌습니다. 게다가 한반도의 토양은 산성이라

시대를 왜, 어떻게 구분할까

수백만 년 전 뗀석기를 쓰던 인류는 오늘날 눈부신 문명을 이루었습니다. 주먹도끼에서 우주선을 발명하기까지 인류는 수많은 변화를 거쳐 왔습니다. 인류가 지나온 발자취는 아주 오래되고 복잡해서 무작정 따라가다가는 자칫 길을 잃고 헤맬 수 있습니다. 이럴 때 일정한 기준에 따라 시대를 구분하면 역사의 흐름을 이해하기가 한결 쉽습니다.

예를 들어 인류 역사를 크게 선사시대와 역사시대로 구분할 수 있습니다. 이때 시대를 가르는 기준은 문자입니다. 문자가 인류 문명을 이끄는 위대한 발명이자, 역사를 기록하는 결정적인 역할을 했기 때문입니다.

또 인류 역사를 구석기시대, 신석기시대, 청동기시대, 철기시대로 나눌 수도 있습니다. 이때 시대 구분의 기준은 바로 인류가 사용한 네 가지 도구입니다. 돌을 깨뜨려 만든 뗀석기, 돌을 갈아서 만든 간석기, 구리를 합금한 청동기와 쇠를 사용한 철기가 인류에게 커다란 변화를 가져다주었기 때문입니다.

이 밖에 정치, 경제, 사회 체제 등 여러 기준으로 시대를 구분하기도 합니다. 앞서 이야기한 몇 가지 기준으로 역사를 시대 구분해 볼까요?

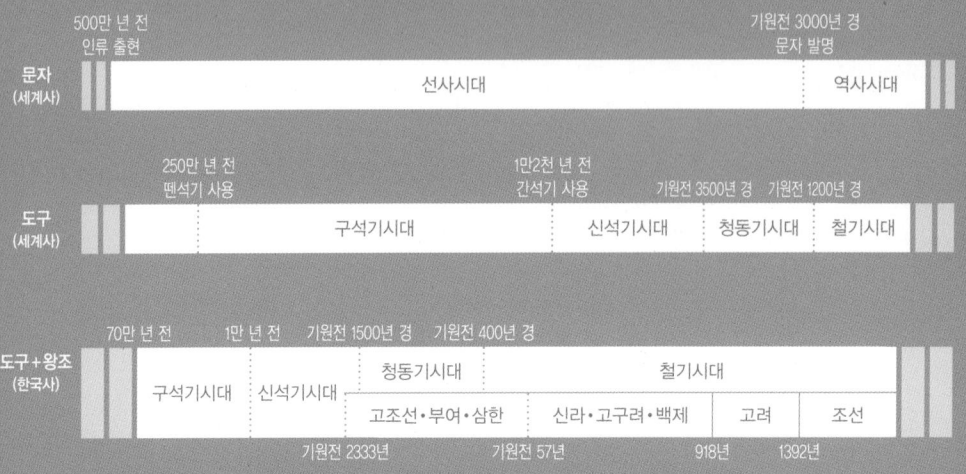

서 사람이나 동물 뼈가 빨리 분해됩니다. 이에 비해 동굴은 후세 사람들의 손길이 덜 미쳤고, 특히 석회 동굴의 경우에는 석회 성분 때문에 동물성 화석이 잘 분해되지 않고 보존되었습니다. 이렇다 보니 한반도 구석기시대 유적은 지극히 드물고, 그나마 발견된 것도 동굴 유적이 대부분입니다. 그래서 구석기 사람들이 어떻게 생활하며 살았는지 밝혀내는 것은 여간 어려운 일이 아닙니다. 턱없이 부족한 유물을 실마리 삼아 조각 그림을 맞춰 가는 수밖에 없습니다. 고고학자들이 보잘것없는 돌멩이와 동물 뼛조각 하나에 매달리는 이유가 이 때문입니다.

이제 먼 옛날 한반도 어디쯤엔가 자리 잡고 있던 구석기 마을을 한번 떠올려 볼까요? 어느 날 서른 명 남짓한 사람들 한 무리가 산을 등지고 강을 바라보는 평야 지대에 이르렀습니다. 오랜 이동과 굶주림으로 지친 그들은 환호성을 질렀습니다. 들판에는 나무와 풀이 푸르게 자라고 강물도 제법 넉넉하게 흘렀습니다. 구석기 사람들은 이곳에 머무르기로 결정했습니다. 먼저 나무와 풀로 움막을 만들었습니다. 먹을거리가 떨어지면 다시 움직여야 할 테니 아주 튼튼하게 지을 필요는 없지만 맹수와 찬바람은 어느 정도 막아 주어야 합니다. 이들은 움막을 서너 개 짓고 거기에서 함께 지내기로 했습니다. 움막을 다 짓고 나서는 사냥 도구를 수선하고 새로 만들기도 했습니다. 이제 남자들은 돌도끼와 돌창을 들고 사냥에 나섰고, 여자들은 들판에서 열매와 뿌리를 채집했고, 어린아이들은 뾰족한 나뭇가지를 들고 강가로 나가 고기를 잡았습니다. 그사이 노인들은 움막 주변을 정리하고 불을 피워 음식 만들 준비를 합니다.

사람들은 누가 시키지 않아도 오랜 공동 생활을 통해 저마다 맡은 역할을 알아서 해냅니다. 이들은 먹을거리가 떨어질 때까지 이곳에 머물 것입니다. 그리고 오늘 밤엔 한동안은 먹을 걱정을 덜었다며 흥겹게 축제를 열 것입니다.

구석기시대 한반도 마을

구석기시대 사람들은 10~30명씩 무리 지어 생활했습니다. 이들은 불을 다루고, 뗀석기 도구를 만들고, 간단한 말로 이야기를 나누었습니다. 사냥과 채집으로 먹을거리를 구해야 했기 때문에 한곳에 오랫동안 머물지 못하고 옮겨 다녔습니다.

신석기시대의 시작

160만 년 전부터 시작된 빙하기가 1만2천 년 전쯤에 끝나고 기온이 올라가기 시작했습니다. 얼어붙은 빙하들이 녹자 해수면이 높아져 육지가 줄어들고 땅 모양이 오늘날과 거의 비슷해졌습니다. 예를 들자면 빙하기 때 지금의 동해 바다는 대부분 육지였고, 일본 땅은 육지와 연결되어 있었습니다. 기온이 올라가자 동해 바다가 생기고 일본도 섬이 되어 버렸습니다. 기후가 변하면서 동·식물 등 생태계도 크게 변했습니다.

달라진 환경에 적응한 인류는 큰 변화를 이끌어 냈습니다. 구석기시대를 끝내고 신석기시대를 연 것입니다. 신석기시대는 새로운 돌 도구, 곧 간석기를 만들어 사용한 시대를 말합니다. 신석기시대 사람들은 발달된 두뇌와 손 기술로 갖가지 간석기를 만들어 사용했습니다.

간석기를 만드는 과정은 아주 복잡하고 시간도 오래 걸립니다. 예를 들어 돌칼을 만들려면 칼 몸통과 손잡이의 크기와 비율을 맞추고, 칼날과 칼끝을 날카롭게 세우고, 손잡이를 움켜잡기에 편한 두께와 모양으로 다듬고 갈아 내야 합니다. 화살·낚싯바늘·그물추 등도 마찬가지입니다.

이런 간석기를 만들었다는 것은 그만큼 신석기시대 인류의 생산 활동이 다양

간석기 만드는 방법

갈판에 돌감 갈기

단단하고 날카로운 돌로 돌감 자르기

뾰족한 도구로 구멍 뚫기

해지고 이에 따라 정교한 도구가 필요했다는 뜻입니다. 물론 신석기시대 인류는 일상생활에서 뗀석기도 여전히 사용했습니다.

간석기의 사용과 더불어 신석기시대 사람들의 생활 방식에서는 아주 중요한 변화가 생겼습니다. 바로 농경과 목축입니다. 신석기시대 사람들은 이동을 멈추고 한곳에 머물면서 농경과 목축 생활을 시작했습니다. 농경과 목축 생활을 정확히 언제, 어떻게 시작했는지는 알 수 없습니다. 다만 그들은 채집을 하면서 계절에 따라 식물이 싹을 틔우고 꽃을 피우고 열매를 맺는다는 사실을 깨달았을 것입니다. 또 사냥을 하면서 성질이 사납지 않은 동물의 새끼를 데려와 길러 보았을 것입니다. 이 경험을 바탕으로 사람들은 사냥과 채집에서 농사와 목축으로 생활 방식을 차츰차츰 바꾸어 갔습니다. 농사라고 해 봐야 처음에는 야생에서 자라던 밀·보리·콩·수수 같은 식물의 씨를 뿌리고 자라기를 기다렸다가 거둬들이는 게 전부였습니다. 일손이 많이 들지 않았고 수확량도 적었습니다. 그러다가 점점 농사짓기 좋은 땅을 찾아 밭을 일구어 수확량을 늘려 갔습니다. 농사는 사냥과 채집보다 훨씬 많은 먹을거리를 안정적으로 가져다주었습니다. 가축으로 기르는 동물도 개·양·염소·돼지·소 등 여러 종류로 늘어났습니다.

농사와 목축이 발전하면서 여기에 매달리는 일손이 크게 늘었습니다. 농사일이 많아질수록 더 다양하고 정교한 농사 도구가 필요했습니다. 신석기시대 사람들은 돌을 갈아서 돌칼·자귀·갈판 같은 농사 도구를 만들어 냈습니다. 사냥과 채집에 쏟는 시간과 노력은 점차 줄어들었습니다.

농사와 목축 생활은 인류의 생각과 행동, 생활 양식을 크게 바꾸어 놓았습니다. 사람들은 계절이 일정하게 되풀이된다는 사실을 알고, 그에 따라 질서와 규칙을 세워서 일하고, 앞날을 예측하고 미리 준비하게 되었습니다. 자연 현상을 자세히 관찰해서 사람에게 이롭게 이용할 수도 있게 되었습니다. 생활이 상대적으로 안정되면서 음악이나 그림 같은 예술 분야에도 관심을 기울였습니다.

농사를 지으며 한곳에 머무르려면 무엇보다 편안하게 지낼 수 있는 튼튼한 집이 필요합니다. 신석기시대 사람들은 움집을 만들어 냈습니다. 움집은 지역마다 다르지만 기본적으로는 땅을 평평하게 다진 다음 굵은 나무로 기둥과 서까래를 세우고, 그 위에 풀을 얹어서 만들었습니다. 추운 지역에서는 땅을 파서 반지하 구조로 짓기도 하고, 풀에 진흙을 바르거나 동물 가죽을 덧대기도 했습니다. 움집은 대체로 대여섯 명 정도, 그러니까 한 가족이 어울려 살기에 적당한 넓이입니다.

사람들은 수확한 식량을 따로 보관했다가 조금씩 꺼내 먹었습니다. 곡식을 오래 보관하려면 꼭 필요한 게 있습니다. 바로 그릇입니다. 사람들은 처음에는 곡식을 이삭째 말려 보관하거나 바구니에 넣어 보관했습니다. 그런데 풀이나 나무로 만든 바구니는 습기가 많으면 곡식에서 싹이 트거나 썩기도 했습니다. 습기를 막을 수 있는 그릇이 필요했습니다. 그래서 발명해 낸 도구가 흙그릇, 곧 토기입니다.

토기를 만드는 방법을 알아볼까요? 먼저 고운 흙을 물에 개어 반죽해서 그릇 모양을 만듭니다. 그릇 모양을 만드는 과정은 지역이나 시대마다 조금씩 다릅니다. 중요한 건 그 다음입니다. 신석기시대 사람들은 모양이 잡힌 흙그릇을 잘 말렸다가 불에다 구워 단단하게 만들어 냈습니다. 흙을 불에 구우면 단단해진다는 사실을 발견한 것은 인류의 역사를 한 단계 끌어 올린 굉장한 사건이었습니다. 불의 성질을 이용한 기술은 훗날 청동기시대와 철기시대를 여는 열쇠가 되었습니다.

이렇게 만들어진 단단한 토기는 곡물을 안전하게 오랫동안 보관해 주었습니다. 뿐만 아니라 음식 문화에도 아주 놀라운 변화를 가져다주었습니다. 신석기시대 사람들은 곡식을 죽처럼 끓이기도 하고, 고기를 삶거나 국물을 우려내어 먹었을 것입니다. 사실 신석기시대 토기는 아주 단단하지는 못합니다. 신석기시대 사람들은 모닥불을 피워서 토기를 구웠는데, 모닥불로는 아무리 해도 600~700도 정도를 넘지 못했습니다. 이 정도 온도로 구운 토기에 물을 넣고 끓이면 흙이 약간 배어 나오기도 했습니다. 그래도 그 정도면 놀라운 발전이었습니다. 인류는 오직 생존을 위해 먹을거리를 집어삼키던 데서 벗어나 음식을 조리하고 맛을 음미하는 시대로 나아갈 수 있게 되었습니다.

이 시기에는 입는 옷에도 변화가 생겼습니다. 구석기시대 사람들은 동물 가죽이나 나뭇잎 따위를 몸에 둘러 추위를 막았습니다. 하지만 신석기시대 사람들은 삼베 같은 식물성 재료나 동물의 털에서 실을 뽑아내 옷을 만들었습니다. 동물

토기 만드는 과정

① 고운 흙을 물에 개어 반죽한 다음 가래떡처럼 길게 뽑기
② 똬리를 틀어 그릇 모양을 만들고 표면을 다듬기
③ 빚은 그릇을 말린 다음 모닥불을 피워 굽기

메소포타미아 토기 (기원전 6000년)

황하 토기 (기원전 6000년)

신석기시대 토기 토기는 쓰임에 따라 모양도 다양해지고, 표면에 무늬를 새기거나 색을 칠하기도 했습니다.

가죽도 사람 몸에 맞추어 자르고 바느질해서 입었습니다.

옷은 추위를 피하고 신체 부위를 가려 주었을 뿐만 아니라 아름다움을 뽐내게 해 주었습니다. 사람들은 점점 화려한 옷이나, 짐승의 뼈나 뿔·조개·돌로 만든 귀고리·목걸이·팔찌 같은 장신구로 몸을 치장했습니다.

농사를 짓고 한곳에 머무르면서 사람들은 자연스레 마을을 이루었습니다. 농사를 지으려면 일손이 많이 필요했고, 마을 규모는 점점 커졌습니다. 마을 사람들은 저마다 역할을 맡아 농사일에 매달렸습니다. 수확한 농산물은 함께 보관하며 나누어 먹었습니다. 신석기시대 마을은 대부분 혈연으로 맺어진 데다 다 같이 일하고 나누었기 때문에 공동체 의식이 무척 강했습니다. 공동체를 유지하기 위해 서로 지켜야 할 질서와 규칙도 정했습니다. 혈연 관계인 가족을 바탕으로 하는 씨족 사회가 생겨난 것입니다.

삼베에서 실 잣는 과정

① 삼을 줄기째 거둬들이기

② 껍질을 벗겨 말리기

③ 물에 불리기

④ 껍질을 두드려 으깬 다음 한 올 한 올 가닥으로 나누기

⑤ 올과 올을 손으로 비벼 잇고, 가락바퀴를 돌리며 실 잣기

가락바퀴

씨족 사회에서는 경험이 많은 지도자가 어려운 문제들을 앞장서서 해결했습니다. 씨족 공동의 생산 활동이나 분배뿐 아니라 주변 씨족과의 갈등을 해결하는 데도 앞장섰습니다. 씨족의 지도자, 곧 우두머리는 공동체 위에 군림하거나 지배하는 사람이 아니었습니다. 혈연 관계로 이루어진 데다 생산물이 많지 않았던 씨족 사회에서는 큰 권력을 누리는 사람도 나오지 않았습니다.

　　씨족 마을은 경계를 정해 놓고 외부인이 들어오지 못하게 했습니다. 농사짓는 땅과 씨족 사람들을 지키기 위해서였습니다. 물론 씨족 마을 사람들도 되도록이면 경계 밖으로 나가지 않았습니다. 다른 씨족 마을과 쓸데없는 충돌이 일어나지 않도록 한 것입니다. 그래서 되도록 자급자족 생활을 유지했지만 그래도 아예 외떨어져 살 수는 없는 노릇이었습니다. 씨족 마을은 옆 마을과 필요한 물건을 맞바꾸기도 했고, 결혼을 하는 등 서로 교류하며 지냈습니다.

　　신석기시대 사람들은 자연환경을 이해하고 이용했지만 그래도 자연은 여전히

구석기시대와 신석기시대 비교

구석기시대		신석기시대
나뭇가지, 동물 뼈 뗀석기, 나무 자루 불	도구	간석기 토기
생존에 필요한 최소한의 무리 이룸 이동 생활	사회·생활	씨족 공동체 정착 생활
움막, 동굴	집	움집
동물 털가죽	옷	식물과 동물 털에서 뽑은 실로 짠 옷
사냥 : 산짐승, 들짐승, 물고기 채집 : 열매, 뿌리	먹을거리	농사 : 보리, 콩, 수수 가축 : 개, 돼지, 양 사냥과 채집

두려움의 대상이었습니다. 그들은 산이나 바위, 나무와 같은 자연물에 영혼이 있다고 믿고 우러렀습니다. 특히 태양은 세상을 밝히고 동·식물을 자라게 하는 근원인 만큼 가장 중요한 숭배의 대상이었습니다. 또 씨족마다 곰이나 호랑이처럼 힘 있고 신비한 동물을 자기 조상으로 여기기도 했습니다. 이런 생각은 자기 씨족이 다른 씨족과 다르다는 생각을 심어 주었습니다.

이 밖에도 신석기시대에는 수없이 많은 변화가 생겨났습니다. 신석기 문화는 수천 년 만에 전 세계로 퍼져 나갔습니다. 구석기시대에 도구 하나가 새로 발명되어 쓰이는 데 수백만 년이 걸리던 걸 생각하면 눈부신 속도입니다. 1만 년 전쯤에는 한반도에도 신석기시대가 시작되었습니다. 한반도 사람들은 어떤 신석기 문화를 이루었을까요?

한반도의 신석기시대 생활 모습

기온이 올라가고 빙하가 녹아내리면서 한반도의 지형과 해안선은 오늘날과 같은 모습을 띠게 되었습니다. 서해가 생겨나고 일본과도 바다로 갈라졌습니다. 이런 지리적 조건 때문에 한반도에는 주로 만주와 시베리아 등 북방 내륙의 신석기 문화가 많이 전해졌습니다. 신석기시대에는 아직 배를 만드는 기술이나 항해술이 크게 발달하지 못했습니다. 하지만 일본과 교류했던 흔적이 있는 것으로 보아 서해·남해 바닷길을 통해서도 신석기 문화가 일부 유입되었을 것입니다.

신석기시대 한반도 사람들의 생활 모습을 좀 더 자세히 살펴볼까요? 한반도의 신석기시대 유적은 주로 바닷가와 강가, 평야 지대에 자리 잡고 있습니다. 이들 유적지에는 많게는 움집 10~20여 채가 한데 모여 있습니다. 한반도 지역의 움집은 대부분 땅을 적당히 파낸 다음 나무와 풀을 엮어서 지어 올렸습니다. 이렇게 땅을 파서 움집을 만들면 여름에는 선선하고 겨울에는 따뜻합니다. 또 움집 안에 불을 때는 화덕을 놓아서 음식을 만들어 먹고 추위도 쫓았습니다.

신석기시대 유적지에서는 간석기인 칼·도끼·낚싯바늘·화살·그물추 등이 많이 출토되지만, 보습·괭이 같은 뗀석기도 적잖이 출토됩니다. 간석기를 만드는 기술이 널리 퍼졌지만 간단한 도구는 여전히 뗀석기를 사용했다는 사실을 알 수 있습니다. 또한 여러 종류의 토기뿐만 아니라 조개껍데기와 옥으로 만든 팔찌·목걸이 같은 장신구도 눈에 띕니다. 신석기시대 사람들은 저마다 권위와 아름다

움집 짓기

① 마른 땅을 적당하게 파내고 바닥을 단단하게 다지기

② 나무를 엮어 틀을 만들고 풀을 엮어서 얹기

③ 생활 공간을 나누고 화덕 자리 마련하기

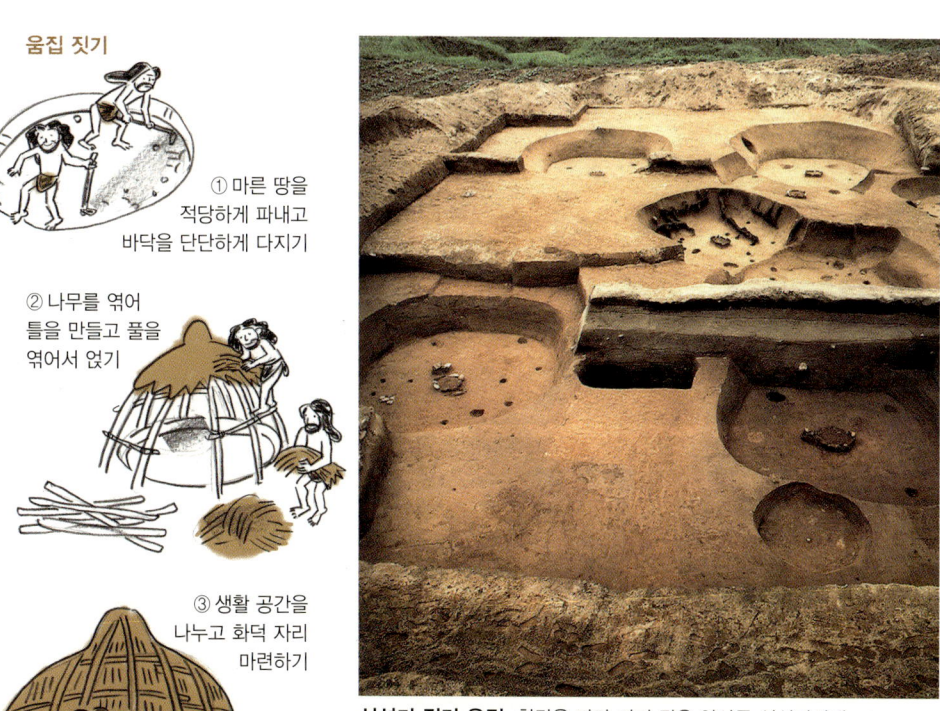

신석기 집터 유적 한강을 따라 자리 잡은 암사동 신석기시대 유적지에서는 30여 기의 집터와 더불어 빗살무늬토기·그물추·갈돌·돌화살촉·돌도끼·긁개 등이 발굴되었습니다.

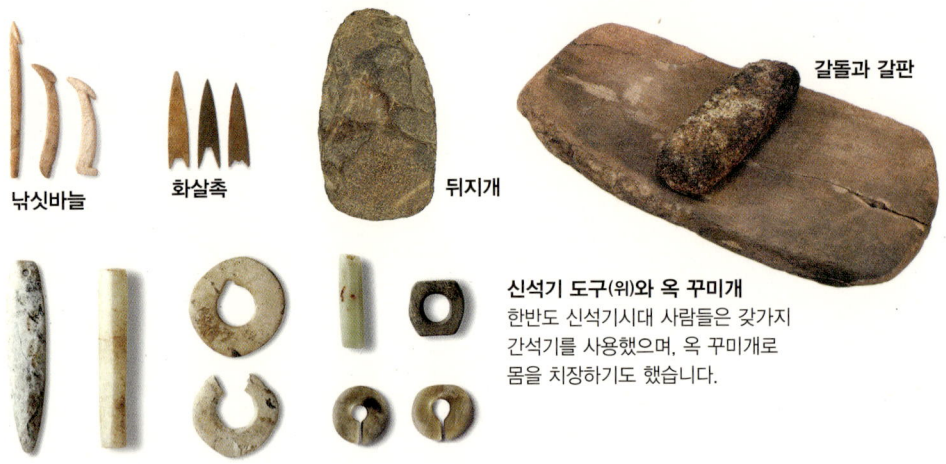

신석기 도구(위)와 옥 꾸미개
한반도 신석기시대 사람들은 갖가지 간석기를 사용했으며, 옥 꾸미개로 몸을 치장하기도 했습니다.

움을 뽐내기 위해 이 장신구를 몸에 둘렀을 것입니다. 장신구는 죽은 이들의 무덤에서도 자주 발견됩니다. 신석기시대 사람들은 죽은 이를 정성껏 치장해서 땅에 묻어 주며 저세상에 가서도 행복하게 지내기를 바랐을 것입니다.

한반도의 주요한 신석기시대 유물로는 빗살무늬토기를 빼놓을 수 없습니다. 빗살무늬토기 표면에는 빗금이나 점, 곡선 같은 기하학무늬가 새겨져 있습니다. 아마도 생선뼈나 조개껍데기, 나뭇가지 따위로 그려 넣었을 것입니다. 한반도에만 빗살무늬토기가 나타난 것은 아닙니다. 북유럽과 북아시아를 잇는 지역의 토기들에도 무늬가 새겨져 있습니다. 빗살무늬토기는 한반도가 북방 지역의 신석기 문화권에 놓여 있음을 알려 주는 증거입니다. 물론 토기에 새겨진 무늬는 지역마다 시대마다 조금씩 달리 나타납니다.

왜 토기에 빗살무늬를 새겼을까요? 뭔가 의미심장한 뜻이 있었던 것 같지는 않습니다. 어쩌면 아름다움에 눈뜬 신석기시대 사람들 사이에서 유행하던 무늬였을지도 모릅니다. 요즘에 지역과 시대에 따라 어떤 무늬나 색깔이 유행하는 것처럼 말이죠.

신석기시대 토기는 밑이 납작하기도 하고 뾰족하기도 한데 빗살무늬토기는 밑

동북 지역 : 바닥이 납작하고 목이 넓음. 점무늬, 타래무늬, 번개무늬.

서북 지역 : 바닥이 납작하고 목이 좁음. 생선뼈무늬, 덧무늬, 엇빗금무늬.

동부 지역 : 동북 지역 토기와 비슷함. 아가리 부분을 덧띠로 장식.

중서부 지역 : 바닥이 뾰족하고 목이 넓음.

남부 지역 : 덧무늬토기에서 빗살무늬토기로 바뀜.

● 신석기시대 유적지

한반도 신석기시대 유적과 토기 신석기시대 사람들은 주로 바닷가와 강가에서 살았습니다. 이 시기에는 빗살무늬토기가 널리 쓰이는 한편, 지역마다 독특하고 다양한 토기가 나타납니다.

신석기시대 한반도 마을

신석기시대 사람들은 이동 생활에서 벗어나 한곳에 정착해서 농사를 짓고
가축을 길렀습니다. 이들은 나무와 풀로 지은 움집에서 지내고,
간석기와 토기를 사용하고, 식물과 동물 털로 실을 자아 옷을 해 입었습니다.

빗살무늬토기
(서울 강동구 암사동)

바닥이 뾰족합니다. 밑이 평평해야 더 실용적이지 않을까요? 꼭 그렇지는 않습니다. 밑바닥이 뾰족하면 음식물을 담아서 땅에 살짝 꽂아 두기에 좋습니다. 신석기시대 사람들은 주로 평야나 바닷가, 강가에 살았기 때문에 부드러운 땅이나 모래밭에 토기를 꽂아 세우기가 그리 힘들지 않았을 것입니다. 또한 토기의 모양도 하나의 관습이며 유행을 따랐을 터라 특별한 계기가 있기 전까지는 오랫동안 만들어 오던 모양 그대로 만들었을 테지요.

신석기시대에 큰 변화를 가져온 농경과 목축이 이즈음 한반도 유역에서도 시작되었습니다. 농경 생활의 흔적은 신석기시대 유적 곳곳에서 나타납니다. 부산 동삼동, 창녕 비봉리, 평양 남경 유적에서는 조와 기장 같은 곡물이 나오고, 옥천 대천리와 고양 가와지 유적에서는 불에 탄 쌀과 볍씨가 출토되었습니다. 또 고성 문암리에서 밭(이랑) 유적이 발굴되기도 했습니다. 목축의 흔적도 곳곳에서 나타납니다.

다만 한반도 유역의 신석기시대 유적에서는 사냥과 채집 활동의 흔적이 더 많이 나타납니다. 신석기시대 사람들에게 사냥과 채집이 여전히 중요했던 것입니다. 한반도 신석기시대 유적지는 바닷가와 강가에 많이 몰려 있는데, 이곳에서는 조개와 물고기를 주요 먹을거리로 삼았습니다. 물론 사냥과 채집 생활은 시간이 흐르면서 차츰 농경과 목축 생활로 바뀌어 갔습니다.

이처럼 한반도의 신석기시대 문화는 세계적으로 공통된 특징이 나타나는 한편, 주어진 환경에 따른 독특한 색깔을 띠었습니다.

신석기시대 국제 교류의 증거, 흑요석

흑요석 화살촉(경상남도 통영)

흑요석은 검고 반짝반짝 빛나는 돌입니다. 흑요석을 깨뜨리면 유리처럼 날카로운 조각이 떨어져 나오는데, 긁개와 화살촉 같은 도구를 만들어 쓰기에 아주 좋습니다. 흑요석은 아무데서나 흔하게 구할 수 있는 돌이 아닙니다. 한반도에서는 화산 지역인 백두산 부근에서만 나옵니다. 그런데 백두산에서 멀리 떨어진 신석기시대 유적지에서 흑요석으로 만든 도구가 발굴되었습니다. 더욱 놀랍게도 남해안 유적지에서 나온 흑요석 도구 중에는 바다 건너 일본의 규슈 지역에서 나는 흑요석으로 만든 것도 있었습니다. 왜 우리나라 남해안에서 일본의 흑요석으로 만든 도구가 발견되는 걸까요?

선사시대 사람들은 살아가는 데 필요한 먹을거리와 물건을 대부분 공동체 안에서 스스로 해결했습니다. 그러나 지역에 따라 공동체 안에서 구할 수 없는 물건이 있게 마련입니다. 예를 들어 내륙 마을에서는 소금을 구할 수 없고, 반대로 바닷가 마을에서는 짐승 가죽을 구하기 어렵습니다. 그래서 양쪽 마을은 짐승 가죽과 소금을 맞바꾸었을 것입니다.

농사와 목축으로 어느 정도 여유가 생기고 필요한 물건도 다양해지자 물물교환 물품도 많아졌습니다. 흑요석도 그중 하나였습니다. 신석기시대에 멀리 일본과 교류한 건 아주 놀라운 일이지만 그렇다고 아예 불가능한 일은 아니었습니다. 교통수단이 발달하지 않은 옛날에는 거센 파도만 만나지 않는다면 육지 길보다 바닷길을 이용하는 게 더 쉽고 편했을 테니까요.

마을과 마을, 지역과 지역을 잇는 길은 시간이 흐를수록 점점 더 넓고 길고 다양해졌습니다. 이런 무역 길은 온갖 물건과 사람과 문화를 실어 나르며 인류 문명을 꽃피우는 데 결정적인 역할을 했습니다.

청동기시대의 시작

신석기시대에는 농경과 목축을 하면서 먹을거리가 이전보다 풍족해지고 생활이 안정되면서 인구도 많아졌습니다. 어지간한 씨족 사회는 1천 명을 훌쩍 넘길 만큼 규모가 커지고 복잡해졌습니다. 기원전 3500년쯤부터 세계 곳곳에서는 신석기시대와 다른 생활 문화가 빠르게 움트기 시작했습니다.

먼저 남성과 여성, 어른과 아이가 맡은 일이 점점 또렷하게 나뉘었습니다. 사냥은 주로 남성들 몫이었는데, 시간과 노력에 견주어 결과물이 많지 않다 보니 점점 여기에 들이는 품을 줄였습니다. 그 대신 남성들은 농사나 목축에서 힘든 일을 맡았습니다. 여성과 아이는 가축을 기르고 옷과 그릇 만드는 일을 맡았습니다. 물건과 곡식이 많아지자 개인 재산도 생겨나기 시작했습니다. 공동체에서 중요한 일을 한 사람들은 점차 다른 사람들보다 더 많은 식량과 물건을 갖게 되었습니다. 그러면서 사람들의 관계에도 변화가 생겨났습니다. 공동체 안에서 어떤 일을 결정하고 명령을 내리는 힘 있는 사람들이 생겨난 것입니다.

또 생활이 나아지면서 사람들은 더 다양하고 질 좋은 생활 용품을 찾았습니다. 사람들은 자기 물건과 다른 사람의 물건을 맞바꾸었습니다. 물물교환은 한 씨족 사회를 넘어 주변 씨족 사회와도 활발하게 이루어졌습니다. 물물교환이 이루어지려면 상대방 물건이 양과 품질 모두에서 마음에 들어야 합니다. 사람들은 더 멋지고 새로운 물건을 더 많이 만들기 위해 힘을 쏟았습니다.

인구가 늘고 농경지가 넓어지면서 마을의 경계도 확대되었습니다. 그러다 어느 순간 이웃 마을 경계와 맞닥뜨리기도 했습니다. 이때 두 씨족 사회는 싸움을 통해서건 평화로운 교류를 통해서건 결국 하나로 합쳐졌습니다. 공동체의 규모를 키워 생산력을 높이는 게 여러 모로 유리했기 때문입니다. 이 새로운 사회는 혈연관계를 중심에 둔 씨족 사회와 달랐습니다. 정치와 경제적인 이해관계로 묶인 정치 세력이 커져 작은 국가가 생겨났습니다.

국가는 씨족 사회와는 다른 지도자가 필요했습니다. 씨족 사회의 우두머리는 그저 경험 많고 지혜로운 웃어른이었습니다. 하지만 국가의 지도자는 누구보다 힘이 있고 그를 따르는 사람도 많아야 했습니다. 그래야 사회의 질서를 깨뜨리는 사람을 벌주고, 다른 세력과의 싸움에서 이길 수 있기 때문입니다.

이처럼 새로운 사회 분위기가 무르익을 즈음 돌이 아닌 금속으로 만든 도구가 등장했습니다. 구리는 금속 중에서는 비교적 낮은 온도인 1,085도에서 녹습니다. 사람들은 우연히 구리 성분이 많이 포함된 돌 근처에 불을 피웠다가 구리가 녹는 것을 보았을 것입니다. 이미 불을 이용해 토기를 만들어 온 사람들은 불 온도를 더 높여서 구리를 녹인 다음 거푸집에 부어서 여러 도구를 만들었습니다. 사실 구리 자체는 별로 단단하지 않은 금속이어서 도구로 만들어도 별 쓸모가 없습니다. 그런데 구리 성분이 들어 있는 자연 상태의 돌에는 다른 금속이 섞여 있기 마련입니다. 그렇다 보니 주석이나 아연 같은 금속이 구리를 녹이는 과정에서 자연스레 함께 녹아들었습니다. 이렇게 합금된 금속은 구리보다 훨씬 강하고 단

청동기시대 사회는 어떻게 이루어졌을까

사회	개인 재산 차이 발생 → 지배층과 피지배층으로 나뉨 국가의 등장 지배층 문화 : 큰 집과 무덤, 화려한 옷과 장신구
경제	농경 중심 : 밭농사(조·콩·수수·벼), 논농사 시작
종교	신화 : 자기 집단이 신에게 선택받았다고 믿음
도구	청동기 : 전쟁 무기, 권위 상징, 생산 도구 쓰임에 따른 다양한 토기 제작 바퀴 발명
문자	상형문자, 쐐기문자

> 청동기 사회 특징은 지역마다 조금씩 달라. 예를 들어 한반도에는 문자와 바퀴가 널리 쓰인 흔적이 없어.

단했습니다. 이 가운데 구리와 주석이 주로 합금된 게 바로 청동입니다. 인류 역사에서 처음으로 금속 도구를 만들어 사용한 청동기시대가 시작된 것입니다.

청동 도구 만드는 방법을 좀 더 자세히 알아볼까요? 청동기를 만들려면 먼저 구리와 주석 성분이 포함된 돌이 있어야 하고 구리가 녹을 만큼 불의 온도를 높일 수 있어야 합니다. 불 온도가 1천 도 넘게 올라가려면 불길이 오랫동안 사그라지지 않아야 하고 열기가 흩어지지 않아야 합니다. 청동기시대 사람들은 진흙으로 가마를 만들고 풀무질로 공기를 불어 넣어 불의 온도를 높이는 데 성공했고 돌에서 구리와 주석 성분을 녹여 냈습니다.

청동 성분을 돌에서 뽑아 낸 다음에는 이걸 거푸집에 부어야 합니다. 거푸집은 금속 도구를 찍어 내는 틀입니다. 흙을 단단히 뭉쳐서 만들거나 활석을 다듬어 사용했습니다. 활석은 단단하지 않고 표면이 부드러워 모양을 쉽게 새길 수 있습니다. 거푸집에 뜨거운 청동 액체를 부어 굳힌 다음 거푸집을 떼어 내면 청동기가 탄생합니다.

이렇게 고체 원료를 녹여서 거푸집에 부어 물건을 만드는 방식은 오늘날에도 널리 사용됩니다. 금속뿐만 아니라 플라스틱 제품도 비슷한 방법으로 만듭니다. 우리가 쓰는 학용품·장난감·생활용품 가운데 많은 물건들이 청동기시대 발명품에 신세를 지고 있는 셈입니다.

청동기를 만드는 데는 많은 노동력과 시간뿐만 아니라 높은 기술력이 필요합니다. 청동기를 만들려면 먼저 구리와 주석 같은 금속 성분이 들어 있는 돌을 구해야 합니다. 돌을 구하면 뜨거운 불로 달궈서 그 안에 들어 있는 금속을 녹여 뽑아 내야 합니다. 돌 안에 들어 있는 금속의 양은 아주 적습니다. 커다란 돌을 깨서 금속을 뽑아 내도 청동검 하나 만들기 벅찼습니다. 거푸집을 만드는 일도 무척 까다로웠습니다. 만들려는 물건 모양을 정확하게 새겨 넣어야 했고, 금속 액체가 새지 않고 제 모양을 유지하도록 빈틈없이 맞물리게 고정시켜야 했습니다.

　이렇듯 정교한 기술이 필요한 청동기는 아무나 만들 수 있는 게 아니었습니다. 많은 노동력과 전문 기술이 필요했습니다. 이 때문에 청동기는 석기나 토기와는 비교할 수 없을 만큼 귀한 물건이었습니다.

청동기 도구 만드는 과정

① 구리와 주석 성분이 들어 있는 돌 캐기

② 불길을 다스릴 흙 가마 만들기

③ 가마에 장작불을 때어 돌에서 청동 성분 뽑아내기

④ 거푸집에 불로 녹인 청동 붓기

⑤ 거푸집을 해체하고 다듬어 마무리하기

청동검과 거푸집

인더스문명의 고대 도시 모헨조다로에서 발굴된 청동상 '춤추는 소녀'(기원전 2500년)와 유럽 동부와 러시아 남부 지역에서 활동하던 스키타이 부족의 청동 허리띠 장식(기원전 400년)

청동기시대 사람들은 왜 굳이 많은 시간과 노력과 기술과 비용을 들여 청동기를 만들었을까요? 청동기로 만든 도구의 쓰임새를 보면 그 비밀을 풀 수 있습니다. 청동기 유물은 하늘에 제사를 지내거나 지배자 계층의 권위를 내보이는 데 쓰이는 방울과 구슬, 전쟁에서 무기로 쓰이는 창과 칼이 대부분입니다. 청동기로 만든 농사 도구와 생활 용품은 거의 찾아 볼 수 없습니다. 농사 도구나 생활 도구들로는 여전히 뗀석기나 간석기가 사용되었습니다. 청동기 유물은 청동기시대 사회가 지배자 계층을 중심으로 위계 질서를 갖추고, 전쟁으로 영토와 규모를 키우던 시기였음을 보여 줍니다.

문자와 바퀴도 청동기시대의 빼놓을 수 없는 발명품입니다. 바퀴는 기원전 4000년 무렵에 그릇을 만드는 물레에 처음 쓰였습니다. 그 뒤 기원전 3500년 무렵에는 메소포타미아, 인도, 중국 등에서 물건을 나르는 데 사용되었습니다. 처음에는 통나무를 통째로 자르거나, 널빤지를 이어 붙인 다음 동그랗게 다듬어서 만든 형태였다가 기원전 2000년 무렵에는 바퀴살이 달린 바퀴가 처음으로 등장했습니다. 문자는 기원전 3000년 무렵에 처음 발명되었습니다. 메소포타미아의 쐐기문자, 이집트의 상형문자, 중국의 갑골문자 등이 비슷한 시기에 나타났습니다. 이들 문자는 처음에는 사물의 형태를 본뜬 모습(그림문자)이었다가 점차 간결하고 추상적인 형태로 바뀌었습니다.

문자와 바퀴는 빠르게 세계로 퍼져 나갔으며, 인류의 물질과 정신 문명에 커다란 발전을 가져다주었습니다.

한반도의 청동기시대 생활 모습

한반도에서도 기원전 1500년 무렵에 청동기시대가 시작되었습니다. 이 시기에는 먼저 농사 방법에서 큰 변화가 일어났습니다. 한반도 사람들은 이전부터 농경과 목축을 중심으로 살아가고 있었습니다. 사람들은 땅을 개간해서 농경지를 넓혀 갔습니다. 이렇게 개간한 땅에는 보리·기장·조·콩·들깨 등 다양한 작물을 재배했습니다. 곡물을 수확할 때 쓰는 반달돌칼, 껍질을 벗기고 열매를 빻는 데 쓰는 갈판·갈돌·공이·절구 등 간석기 종류도 아주 다양해졌습니다. 이즈음 벼도 재배하기 시작했습니다. 처음에는 벼도 다른 작물처럼 밭에 씨를 뿌리고 거둬들였습니다. 하지만 아열대성 수생식물인 벼를 온대의 한반도에서 재배하는 데는 어려움이 많았습니다. 그러나 식감이 좋고 영양이 풍부한 쌀을 포기할 수는 없었습니다. 청동기시대 사람들은 쌀을 좀 더 많이 수확하기 위해 끊임없이 노력했습니다. 이 시기에 논에서 벼를 기른 흔적도 보입니다. 하지만 논농사가 널리 퍼진 것은 한참 뒤의 일입니다.

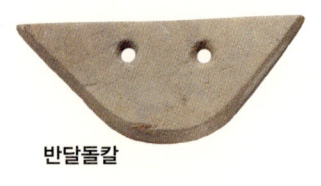
반달돌칼

반달돌칼 사용법

사람들은 신석기시대에 널리 사용했던 빗살무늬토기 대신 무늬 없는 토기(민무늬토기)를 만들어 사용했습니다. 일부 토기에 간단한 무늬를 새겨 넣기도 했지만 대부분은 무늬 없는 토기를 사용한 것입니다. 토기의 크기와 모양도 다양해졌습니다. 항아리·접시·병을 비롯해 그릇을 덮는 뚜껑도 만들었습니다. 이제 토기는 쓰임새에 따라 모양대로 골라 사용하는 흔한 생활 도구가 되었습니다.

한반도 곳곳에는 큰 규모의 마을이 생겨나기 시작했습니다. 움집 50~100여 채가 모인 마을에는 사람들이 사는 집과 곡물을 저장하는 창고는 물론이고, 석기와 토기를 만드는 전문 작업장도 있었습니다. 또 마을 주위에 큰 도랑(환호)을 파고, 나무로 울타리(목책)를 세운 흔적이 있습니다. 겹겹이 방어막을 만든 건 그만큼 이웃 마을과 싸움이 잦았기 때문입니다.

마을 바깥쪽에는 농경지와 더불어 청동기시대를 대표하는 고인돌 무덤들이 있었습니다. 고인돌 가운데는 힘센 장정 수십 명이 매달려도 옮기기 힘들 만큼 큰 것도 있습니다. 마을을 다스리던 지배 계층의 무덤일 것입니다.

고인돌 무덤은 지역에 따라 모양이 조금씩 다르게 나타납니다. 그중 바둑판식 고인돌은 한반도 남부에서, 탁자식 고인돌은 한반도 북부와 요령(랴오닝), 만주에서 주로 나타납니다. 같은 고인돌 무덤 문화권에서도 지역마다 독특한 색깔이 드러나는 것입니다. 이건 지역마다 다른 세력이 자리 잡고 있었다는 뜻입니다.

비파형 청동검과 세형 청동검 또한 한반도 청동기시대를 대표하는 유물입니다. 비파형 청동검은 요령 지역을 중심으로 한반도와 만주 일대에 퍼져 있습니다. 비슷한 시기의 중국 청동검은 날이 반듯하고 손잡이가 달려 있습니다. 여기

청동기시대 마을 유적 경상남도 창원시 남산의 청동기시대 마을은 구릉 꼭대기에서 비탈을 따라 20여 채의 움집과 광장 등으로 이루어졌으며, 꼭대기 부분의 망루와 마을 아래쪽에 타원형으로 파여 있는 환호도 눈에 띕니다.

에 비해 비파형 청동검은 날이 비파 악기처럼 곡선을 이루고 손잡이 부분이 슴베로 되어 있습니다. 슴베를 나무 자루에 끼워 검이나 창으로 사용했을 것입니다. 또 비파형 청동검에는 구리, 주석과 더불어 아연 성분이 많이 들어 있는데, 납 성분이 많이 들어 있는 중국 청동검과 다른 점입니다. 세형 청동검은 청동기시대 후기에 평양을 중심으로 한반도 전체에서 널리 사용되었습니다.

한반도 유역에서는 탁자식 고인돌과 바둑판식 고인돌, 비파형 청동검과 세형 청동검 등 청동기 유물이 지역에 따라 다르게 겹쳐서 나타나고 있습니다. 이 유물을 바탕으로 청동기시대 한반도 유역의 세력 범위를 짐작해 볼까요? 청동기시대 이전까지 한반도 유역에는 여러 무리가 흩어져서 생활하고 있었습니다. 청동

청동기시대의 한반도 마을

청동기시대에는 수백 명이 하나의 공동체를 이루며, 농사와 교역과 전쟁으로 힘을 키워 갔습니다. 나이와 성별에 따라 맡은 역할이 나뉘었고, 힘 있는 지배 세력이 나타나 공동체를 이끌었습니다.

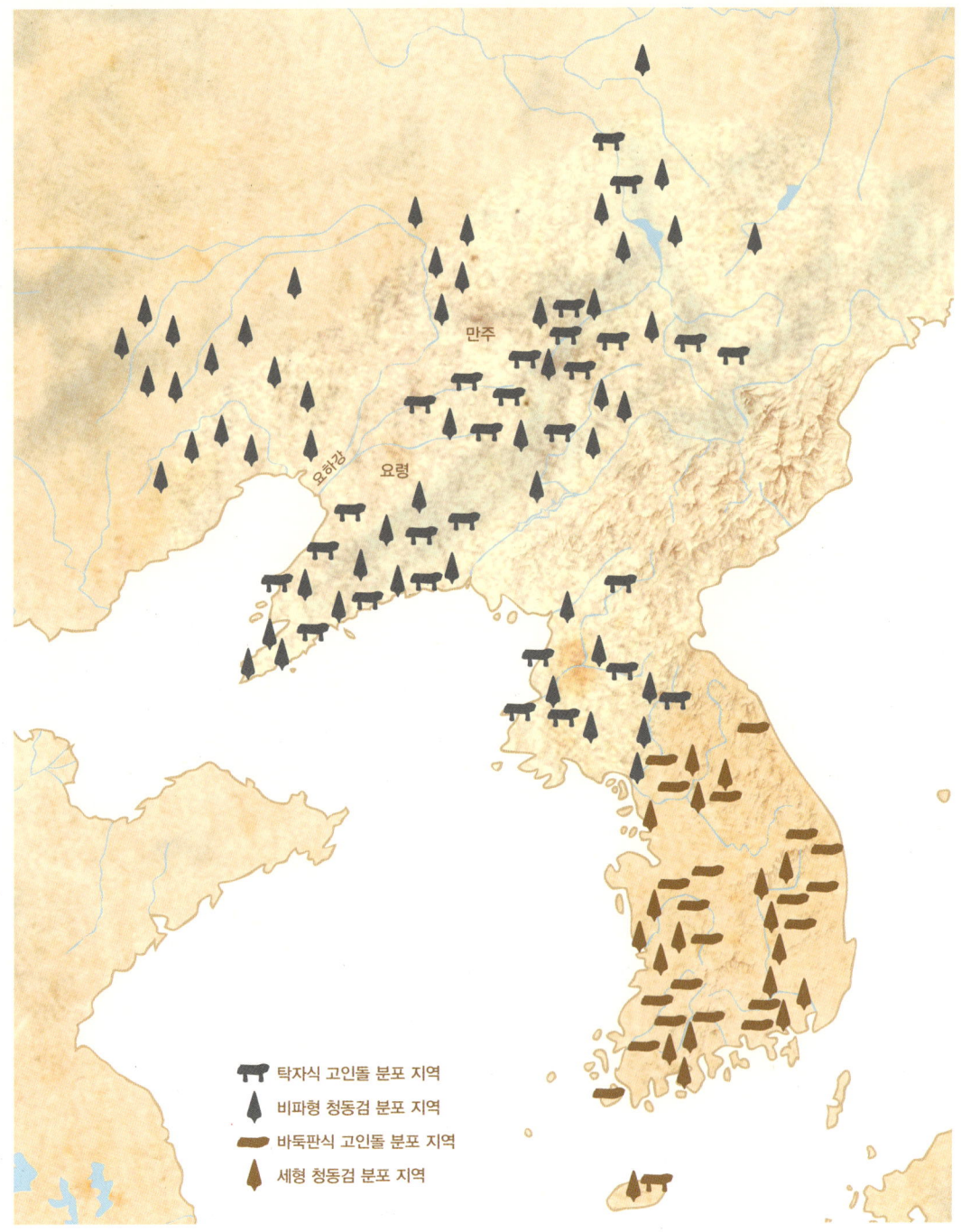

한반도 유역의 청동기 문화권 한반도 일대에는 탁자식 고인돌, 바둑판식 고인돌, 비파형 청동검, 세형 청동검 등의 유물이 겹쳐서 나타나는 청동기 문화권이 형성되었습니다.

 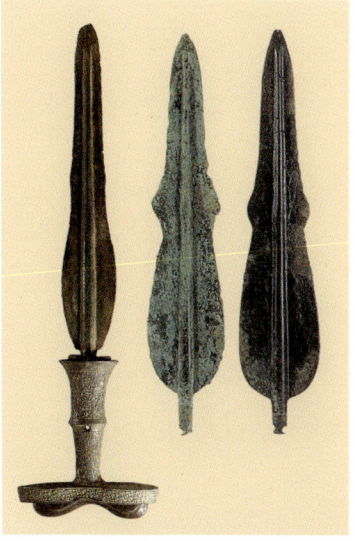 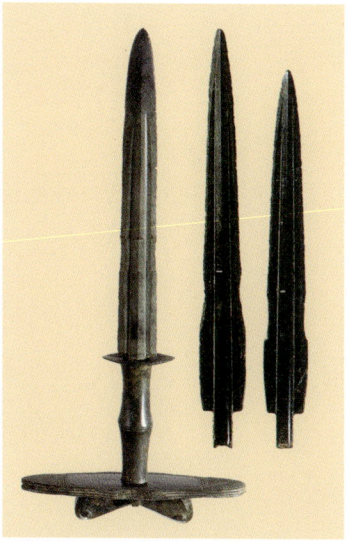

중국식 청동검, 비파형 청동검, 세형 청동검 (왼쪽부터) 비파형 청동검은 중국식 청동검과 달리 몸이 곡선을 이루고 대부분 손잡이가 분리되어 있습니다. 비파형 청동검을 사용한 세력이 독자적인 문화를 이루었음을 보여 주는 증거입니다. 세형 청동검은 청동기시대 후기에 한반도 전체에서 널리 만들어졌습니다.

기시대 들어 이들 가운데 정치·경제적인 이해관계에 따라 하나로 묶인 집단, 즉 정치 세력이 등장했습니다. 정치 세력들은 전쟁을 치르거나 힘을 합치면서 영역을 넓혀 갔습니다. 그럴수록 지배 세력의 힘이 강해지고 국가의 틀을 갖춘 정치 세력도 생겨났습니다.

  우리 민족 최초의 국가는 어디에서 생겨났을까요? 청동기 문화가 발달했던 지역, 즉 고인돌과 청동검 유물이 집중적으로 겹쳐 나타나는 지역을 후보지로 꼽을 수 있습니다. 왼쪽 지도를 보면 요령 지역과 만주 지역, 한반도 중부와 남부 지역에서 청동기 문화권이 형성되어 있습니다. 또 청동검 중에서는 비파형 청동검이 세형 청동검보다 만들어진 시기가 앞섭니다. 따라서 탁자형 고인돌과 비파형 청동검이 겹쳐 나타나는 요령과 만주 지역일 가능성이 높습니다. 역사학자들은 이 지역에서 우리나라 최초의 국가, 즉 고조선이 생겨났을 것으로 추측합니다.

한반도의 구석기시대 사람들

한반도에 첫발을 내디딘 인류는 어디서 왔고 어떻게 생겼을까요? 그들은 왜 이곳에 자리 잡았으며 어떻게 살아갔을까요? 그들은 오늘날 우리에게 얼마나 많은 유전자와 문화를 남겼을까요?

한반도의 첫 인류를 찾아가는 길은 멀고도 막막합니다. 구석기시대는 워낙 오래전이라 뼈 화석과 유물이 거의 남아 있지 않기 때문입니다. 아주 드물게 이들의 흔적이 발굴되기도 했는데, 아래 그림들은 고고학계에서 이를 바탕으로 구석기시대 인류의 모습을 그린 상상도입니다. 한번 살펴볼까요?

덕천인 평안남도 덕천의 승리산동굴에서 발견된 어금니 2개와 어깨뼈 조각 1개의 주인입니다. 북한의 고고학자들은 덕천인이 10만 년 전 고인류(호모 에렉투스)라고 주장합니다. 고인류는 현생 인류(호모 사피엔스 사피엔스)와 다른 인종으로 알려져 있습니다. 덕천인은 뼈 화석이 많이 남지 않아 복원이 불가능합니다.

복원하지 못함

역포인 평양시 역포구역 대현동에서 발견된 머리뼈 화석의 주인입니다. 6~8세로 보이는 이 여자아이는 덕천인처럼 고인류로 분류됩니다.

어느 시기에 들어 한반도의 고인류는 모두 멸종하고 현생 인류가 그 자리를 차지했습니다. 최근에 고인류와 현생 인류가 한동안 세계 곳곳에서 함께 살았을 뿐만 아니라 유전자도 나누었다는 연구 결과가 나왔습니다. 그러니까 우리 몸 어딘가에는 고인류의 피가 흐르고, 생활문화가 배어 있다는 뜻입니다.

용곡인 평안남도 상원군 용곡리 용곡동굴에서 발굴된 머리뼈·등뼈·엉덩뼈·넓적다리뼈 화석의 주인입니다. 용곡인은 35세가량의 남성으로, 앞머리뼈가 좁고 머리 뒤쪽이 넓은 모습입니다. 이런 머리 꼴은 구석기시대 후기의 현생 인류가 공통으로 지녔던 특징입니다.

승리산인 평안남도 덕천의 승리산동굴에서 발굴된 아래턱뼈 화석의 주인으로, 35세가량의 남성입니다. 승리산동굴에서는 덕천인이 유적 아래층에서, 승리산인이 유적 위층에서 발굴되었습니다. 고인류와 현생 인류가 오랜 시간 차이를 두고 한 동굴에서 살았다는 뜻입니다.

만달인 평양시 승호구역 만달동굴에서 발견된 머리뼈·아래턱뼈·엉덩뼈·팔뼈·넓적다리뼈의 주인입니다. 만달인은 25~30세 남성으로, 구석기시대 후기에서 신석기시대로 넘어가던 때에 이곳에서 살았던 것으로 보입니다.

한반도 고대 인류는 수십만 년 동안 이곳에 터를 잡고 살아 왔습니다. 때로는 환경에 적응하기 위해 스스로 모습을 바꾸기도 하고, 때로는 전혀 새로운 종이 나타나기도 했습니다. 이들 고대 인류가 우리에게 얼마나 많은 유전자와 문화를 남겼는지는 아직 제대로 밝혀지지 않았습니다. 한 가지 확실한 건, 인류가 고대부터 살아 온 하루하루가 쌓여 현재의 사회를 이루었다는 점입니다.

유물로 보는 역사

고인돌

탁자식 고인돌(인천시 강화군)

    청동기시대 사람들은 일정한 형식을 갖추어 무덤을 만들었습니다. 땅을 파고 돌로 무덤방을 만들어 시신을 넣고 뚜껑돌을 덮은 돌널무덤, 땅을 파서 무덤방을 만들고 나무관에 시신을 넣고 흙으로 덮은 움무덤, 시신이나 뼈를 항아리에 묻은 독널무덤 등이 청동기시대에 나타났습니다.

    여러 무덤 양식 가운데 청동기시대 한반도의 대표적인 무덤은 고인돌입니다. 고인돌은 땅 속이나 땅 위에 시신을 눕히고 그 둘레에 굄돌을 세워 방을 만들고 그 위에 덮개돌을 올리는 무덤을 말합니다. 청동기시대 무덤은 대부분 오랜 시간이 지나면서 사라졌지만 고인돌은 워낙 규모가 커서 오늘날까지 제 모습을 유지하고 있는 경우가 많습니다.

    '고인돌'은 큰 덮개돌을 받치고 있는 '굄돌' 또는 '고임돌(굄돌)'에서 유래되었습니다. 고

바둑판식 고인돌(전라북도 고창군)

인돌은 한눈에 보기에도 아주 크고 무겁습니다. 돌을 잘라 옮기고, 굄돌을 세우고, 그 위에 덮개돌을 올리려면 수십 명이 힘을 쏟아야 했습니다. 이 정도로 많은 사람을 동원할 수 있었다는 것은, 곧 고인돌 무덤의 주인이 청동기시대 사회의 지배층이었다는 뜻입니다.

고인돌은 북아프리카, 서유럽, 인도, 동남아시아, 중국, 한반도, 일본에 걸쳐 널리 퍼져 있습니다. 그중에서도 한반도에는 전 세계 고인돌의 절반가량인 3만여 기가 분포되어 있습니다. 한반도 고인돌은 굄돌을 높이 세우고 덮개돌을 얹은 탁자식, 땅속에 무덤방을 만들고 굄돌을 낮게 세운 다음 덮개돌을 얹은 바둑판식, 굄돌 없이 곧바로 덮개돌로 덮은 뚜껑식으로 나뉩니다. 뚜껑식은 한반도 전체에 가장 많이 퍼져 있으며, 탁자식은 한반도 북부와 요동 지역에, 바둑판식은 한반도 중남부 지역에 주로 분포하고 있습니다.

고인돌 무덤은 국가가 등장하면서 빠르게 사라집니다. 국가의 지배층은 왜 고인돌 무덤을 만들지 않았을까요? 고인돌은 너무 투박해 보이고 또 무덤방이 쉽사리 훼손되었기 때문입니다. 왕과 귀족들은 고인돌보다 튼튼하고 화려한 무덤을 만들었습니다. 이 때문에 고인돌은 청동기시대의 시작과 끝을 알리는 대표 유물이 되었습니다.

기원전 1500년 경
한반도 청동기시대 시작

기원전 108년
고조선 멸망

기원전 2333년
고조선 건국

기원전 194년
위만조선

고조선과 국가의 등장

청동기 문화와 함께 우리 역사상 최초의 국가인 고조선이 등장합니다. 고조선은 주변의 여러 정치 세력을 끌어들이며 빠르게 세력을 넓혀 갔습니다. 고조선 지배층은 스스로 하늘의 자손이라고 내세웠습니다. 또 강력한 힘을 앞세워 법으로 백성들을 다스렸습니다. 또한 한반도 중남부 지역에서는 동예, 옥저, 삼한(마한, 진한, 변한) 같은 작은 국가가 등장해서 저마다 독특한 문화를 꽃피웠습니다. 이들 국가는 훗날 철기 문화를 받아들이며 고대국가로 가는 징검다리가 되어 주었습니다.

신화 속 고조선

고려 때 승려 일연은 지금은 전해지지 않는 역사책들을 참고해서 《삼국유사》를 썼습니다. 《삼국유사》에는 고조선의 단군 신화도 실려 있는데 역사학자들은 여기에 고조선의 건국 과정이 담겨 있다고 말합니다. 어떤 내용인지 살펴볼까요?

옛날 하늘나라에 하늘님(환인)의 아들 환웅이 있었습니다. 환웅은 하늘 아래 인간 세상에 마음을 두고 자주 내려다보았습니다. 그러자 하늘님은 환웅에게 하늘의 권위를 나타내는 세 가지 물건(천부인)을 가지고 가서 인간 세상을 다스리게 했습니다. 환웅은 3천 명을 이끌고 태백산 꼭대기의 신령스런 나무(신단수) 아래로 내려와 도읍(신시)을 세웠습니다. 그러고는 바람신, 비신, 구름신에게 곡식과 생명을 살찌우게 하고, 인간 세상의 360가지 모든 일을 이롭게 다스리도록 했습니다.

그러던 어느 날 곰과 호랑이가 환웅에게 찾아와 사람이 되게 해 달라고 빌었습니다. 환웅은 쑥과 마늘을 먹으며 백일 동안 햇빛을 보지 말라고 일렀습니다. 호랑이는 견디지 못했지만, 곰은 끝까지 환웅의 말을 따라 여자가 되었습니다. 사람이 된 웅녀는 결혼해 주는 이가 없어서 다시 아이를 갖게 해 달라고 빌었습니다. 그러자 환웅이 잠시 사람으로 변해서 웅녀와 결혼했습니다.

이윽고 환웅과 웅녀 사이에 아들이 태어났고, 그가 바로 단군왕검입니다. 단군왕검은 평양성을 도읍으로 삼고 조선을 세우고 뒤에 도읍을 아사달로 옮겨 1500년 동안 다스렸습니다.

이후 단군왕검은 산신이 되었는데, 이때 나이가 1,908세였습니다.

청동기 유물 역사학자들은 단군 신화에 나오는 천부인(하늘의 권위를 나타내는 물건)이 청동검, 청동방울, 청동거울이라고 추측합니다. 그래서인지 이들 세 청동 유물은 정교하고 화려하게 만들어졌습니다. 전라남도 화순.

　신화는 실제 역사와는 거리가 먼 이야기처럼 보입니다. 하지만 자세히 들여다보면 옛날 사람들의 생각과 생활 모습이 담겨 있음을 알 수 있습니다. 단군 신화도 마찬가지입니다. 단군 신화 안에 어떤 의미가 숨어 있는지 좀 더 꼼꼼히 살펴볼까요?

　단군 신화에 따르면 하늘님의 아들 환웅이 이 땅에 내려와 인간을 이롭게 다스립니다. 선사시대 부족들은 저마다 하늘신이나 신비한 존재로부터 보호를 받는다고 믿었습니다. 이를 통해 부족이 안정되고 풍족하게 생활하기를 바랐던 것입니다. 그렇다면 환웅은 왜 특별히 바람신, 비신, 구름신을 거느리고 왔을까요? 바람, 비, 구름은 농사에 꼭 필요한 자연 조건입니다. 당시 사람들이 주로 농경 생활을 했음을 알 수 있는 대목입니다. 또한 인간 세상의 360가지 일을 맡아 다스렸다는 건, 환웅이 세운 나라가 갖가지 사회 질서와 체계를 갖추었다는 뜻입니다.

단군 신화에는 곰과 호랑이가 등장합니다. 신화를 연구하는 사람들은 이 이야기가 환웅 세력이 다른 세력과 연맹을 맺는 과정을 상징적으로 보여 준다고 풀이합니다. 곰을 신성시하는 세력이 호랑이를 신성시하는 세력을 누르고 환웅 집단과 힘을 합쳤다는 것입니다. 이후로도 환웅은 이웃 세력을 끌어들이며 힘을 키워 갔습니다.

이를 바탕으로 단군왕검은 고조선을 세웁니다. 우리 역사상 최초의 국가가 탄생하는 순간입니다. 고조선은 자그마한 도읍을 중심으로 여러 정치 세력이 모인 나라로 출발했습니다. 고조선 초기에는 여러 정치 집단이 어느 정도 세력을 유지하면서 연맹했습니다. 그러다가 점차 왕을 중심으로 관료 제도와 행정 제도를 갖춘 국가로 바뀌어 갔습니다.

단군왕검 가장 오래된 것으로 알려진 단군 영정. 평양 숭령전에 모셔져 있다가, 1920년 무렵에 부여군 장암면 장정마을로 옮겨 왔습니다.

단군왕검은 환웅의 아들이니 당연히 하늘의 자손입니다. 그러니 백성들은 고조선을 하늘이 다스리는 특별한 나라라고 믿었고, 단군왕검을 신성하게 떠받들었을 것입니다. '단군왕검'이라는 말에는 하늘에 제사를 지내는 제사장(단군)이자 정치를 맡아서 나라를 다스리는 지배자(왕검)라는 뜻이 담겨 있습니다. 그러니까 고조선은 지도자가 제사와 정치를 도맡는 제정일치 사회였습니다. 단군왕검은

우리나라 창세 신화 – 대별왕 소별왕

단군 신화가 나라를 세우는 과정을 전해 주는 건국 신화라면, 제주도에서 전해지는 〈천지왕본풀이〉는 세상이 어떻게 생겨났는지 알려 주는 창세 신화입니다. 아주 오래전 사람들은 세상이 어떻게 생겨났다고 생각했을까요?

아주 오랜 옛날, 세상은 온통 캄캄하고 하늘과 땅이 서로 맞붙어 있었습니다. 어느 날 하늘과 땅 사이에 조금씩 금이 가더니 서로 완전히 떨어졌습니다. 하늘에는 먼저 별이 생겨났지만 세상은 여전히 어두컴컴했습니다. 옥황상제 천지왕은 해와 달을 둘씩 보내어 세상을 비추었습니다. 그런데 낮에는 해가 둘이라서 너무 뜨겁고, 밤에는 달이 두 개라서 너무 추웠습니다. 뿐만 아니라 모든 생명체가 말을 하고, 사람과 귀신의 구분도 없었습니다. 천지왕은 어떻게 세상을 안정시킬까 고민하다가 땅으로 내려가 총명부인을 아내로 맞았습니다. 며칠 뒤 천지왕은 하늘로 올라가면서, "아들 둘을 낳을 테니 대별왕, 소별왕이라 이름 지으시오."라고 이르며 총명부인에게 박 씨 두 개를 주었습니다.

얼마 뒤 총명부인은 정말로 아들 둘을 낳았습니다. 총명부인은 형제에게 박 씨를 심게 했습니다. 박 넝쿨이 하늘로 쭉쭉 뻗어 올라가자 형제는 넝쿨을 타고 올라가 천지왕을 만났습니다. 천지왕은 대별왕에게 이승(사람들이 살아가는 현실 세상)을, 소별왕에게 저승(사람이 죽은 뒤에 간다는 세상)을 맡겼습니다. 하지만 욕심 많은 소별왕은 대별왕을 속여 이승을 차지했습니다. 그런데 정작 이승은 혼란으로 가득했습니다. 소별왕은 어쩔 줄 몰라 대별왕에게 도와 달라고 부탁했습니다. 그러자 대별왕은 활을 쏘아 해와 달을 하나씩 떨어뜨리고, 소나무 껍질 가루를 뿌려서 사람이 아닌 생명체들의 혀를 굳게 하고, 귀신과 사람의 무게를 달아 가벼운 쪽을 귀신으로 두었습니다. 이승이 어느 정도 질서가 잡히자 대별왕은 다시 저승으로 돌아갔습니다. 하지만 대별왕이 사람들을 바로잡지 않은 탓에 세상에는 여전히 죄를 저지르는 사람들이 있답니다.

무려 1,908세까지 살다가 신선이 되었다고 합니다. 사람이 정말로 그렇게 오래 살 수는 없습니다. 단군왕검이 한 사람의 이름이 아니라 대대로 고조선을 이끌었던 수많은 지배자들을 통틀어 일컫는 말임을 짐작할 수 있습니다.

《삼국유사》에는 고조선이 처음에 평양성을 도읍으로 삼았다고 나오지만, 그곳이 오늘날의 평양을 말하는지는 분명하지 않습니다. 그걸 증명할 유물과 유적이 발견되지 않았기 때문입니다. 고조선이 세운 도읍은 많아야 수천 명이 머물 만한 작은 규모였고, 상황에 따라 여기저기 옮겨 다녔을 것입니다. 게다가 아직 또렷한 국경도 없었으니 영토를 나타내기도 어렵습니다. 다만 탁자식 고인돌과 비파형 청동검이 겹쳐서 나타나는 지역이 고조선의 주요 무대였음은 분명합니다. 그러니까 고조선은 작은 나라로 출발해 점차 요동 지역과 한반도 북부, 만주 일부 지역을 다스렸던 것입니다. 자, 이제 실제 역사 속 고조선을 좀 더 만나 볼까요?

애니미즘, 토테미즘, 샤머니즘

선사시대 인류에게 자연은 거스를 수 없는 거대한 힘을 지닌 것처럼 보였습니다. 자연은 사람이 살아가는 데 필요한 것들을 아낌없이 주기도 하지만, 한편으로는 사람의 목숨을 매섭게 빼앗아 가기도 합니다. 사람들은 고맙고도 무서운 자연을 우러르고 섬겼습니다.

사람들은 모든 자연에는 알 수 없는 힘과 영혼이 깃들어 있다고 믿었습니다. 곰, 호랑이, 새 같은 동물이나 아름드리나무 같은 식물은 물론이고 해, 달, 바위, 물 같은 무생물도 마찬가지였습니다. 이런 믿음을 '애니미즘'이라고 합니다.

나아가 사람들은 큰 힘을 지닌 어떤 자연물이 자기 부족과 특별히 연결되어 있다고 믿었습니다. 이처럼 한 부족이 어떤 자연물을 한 핏줄로 여기고 여기에 기대는 것을 '토테미즘'이라고 합니다.

한편, 자연물에 깃든 영혼은 아주 특별해서 보통 사람은 그걸 이해하지 못합니다. 이때 자연물에 제사를 지내고 자연물과 영혼을 나누며 자연물의 목소리를 전달해 주는 사람이 있습니다. 바로 샤먼입니다. 선사시대 사람들은 영혼이나 거대한 힘을 대신해서 가르침을 전하는 샤먼을 기꺼이 따르고 섬겼습니다. 이걸 '샤머니즘'이라고 합니다.

선사시대 인류는 애니미즘·토테미즘·샤머니즘 등을 통해 두려움을 떨치고 자연을 이해하려 했습니다. 이 때문에 세계의 신화는 대부분 애니미즘·토테미즘·샤머니즘을 바탕으로 펼쳐집니다. 단군 신화도 마찬가지입니다. 환웅은 신성한 나무(신단수) 아래에서 처음 도읍을 세우고, 곰과 호랑이가 사람과 이야기를 나누고, 심지어 곰은 사람으로 탈바꿈하기도 합니다. 또한 단군왕검은 한 나라를 다스리는 지도자(왕검)이자 하늘에 제사를 지내는 제사장(단군)입니다.

과학 문명이 발달한 현대에도 애니미즘·토테미즘·샤머니즘의 흔적이 곳곳에 남아 있습니다. 우리 일상생활에서 어떤 사례가 있는지 한번 찾아보세요.

고조선의 사회와 정치

고조선 역사를 들여다보기 전에 알아 두어야 할 사실이 몇 가지 있습니다. 우선, 고조선이 건국된 때는 아주 오래전이라 그 역사를 살펴볼 만한 기록이 거의 없습니다. 고조선 사람들이 직접 쓴 역사 기록은 하나도 남아 있지 않습니다. 오랜 시간이 흐른 뒤인 고려시대에 일연의 《삼국유사》, 이승훈의 《제왕운기》에 고조선의 역사가 간략히 쓰여 있기는 하지만 단군신화를 중심으로 한 단편적인 내용뿐입니다. 중국의 역사책에 고조선에 대한 기록이 일부 남아 있기는 합니다. 그러나 중국의 기록도 자세하지 않거나 다르게 서술되어 있어서 고조선의 실체에 접근하기가 어렵습니다.

예를 들어 고조선의 건국연도만 해도 여러 가지로 해석이 됩니다. 《삼국유사》에는 '(중국의) 요가 왕이 되고 50년 후에 고조선이 건국되었다'고 기록되어 있습니다. 하지만 중국의 요는 신화적인 인물로 실체가 확실하지 않습니다. 따라서 연도를 확정하기가 어렵습니다. 기원전 2333년 고조선이 건국되었다는 것은 조선시대 역사책인 《동국통감》을 따른 것입니다. 이는 고조선의 건국연도에 대한 여러 의견 중 하나를 선택한 것일 뿐입니다. 상황이 이렇다 보니 오늘날 역사학자들도 고조선에 대한 역사적 사실을 알아내는 데 어려움을 겪고 있습니다.

고조선의 유물이나 유적도 거의 찾아볼 수 없습니다. 고조선 때의 고인돌과 비파형 동검 등이 발굴되기는 했지만 이것으로는 고조선의 실체를 파악하는 데 한계가 있습니다.

흔히 고조선은 '우리 역사에서 최초로 생겨난 국가'라고 말합니다. 하지만 당시 고조선 사람들에게는 '민족'이라는 의식도 없었고, 더구나 고조선이 '우리 역사의 첫 번째 국가'라는 생각도 없었을 것입니다. 따라서 오늘날 '국가'나 '민족'의 잣대만으로는 고조선을 온전히 이해하기 어렵다는 점을 염두에 두어야 합니다.

이렇듯 고조선 역사는 사실을 확인할 만한 사료가 부족하고 여러 모로 잘못 해석될 여지가 많기 때문에 조심스럽게 알아 가야 합니다.

중국 역사책 《한서》에는 초기 고조선 사회를 엿볼 수 있는 기록이 있습니다. 《한서》에 따르면 고조선에는 여덟 가지 범죄를 다스리는 법(8조금법)이 있었습니다. 그 가운데 세 가지가 전해지는데, ① 사람을 죽인 자는 즉시 사형시키고, ② 남에게 상처를 입힌 자는 곡식으로 그 죄를 갚게 하고, ③ 도둑질한 자는 노비로 삼는다는 것이 그 내용입니다.

농경문청동기 폭 13센티미터의 방패 모양 청동기. 한 면에는 농사짓는 모습이, 다른 면에는 나뭇가지에 앉은 새가 새겨져 있는 방패 모양 청동기입니다.

법은 국가 체제를 이루는 데 중요한 요소입니다. 법이 있었다는 것은 지배자가 그만큼 강력한 권한을 지녔으며, 나아가 사회의 질서와 규칙이 자리 잡았다는 뜻입니다.

8조금법에 따르면 고조선에서는 사유 재산을 모으고, 노비를 거느릴 수 있었습니다. 계층이 또렷하게 나뉜 신분 사회였다는 뜻입니다. 고조선 사회의 신분은 크게 지배층 귀족, 평민, 노비로 나뉘었습니다. 지배층 귀족은 토지와 노비를 소유했으며, 도읍을 관리하거나 국가를 다스렸습니다. 평민의 생활은 여느 청동기시대 사회와 크게 다르지 않았습니다. 평상시에는 공동체에서 농사를 짓고 가축을 키웠습니다. 고조선은 세력을 넓히기 위해 다른 세력과 자주 싸움을 치렀는

노비는 어떻게 생겨났을까

신석기시대에 인류는 농경과 목축을 하면서 구석기시대보다 많은 생산물을 얻고 안정된 생활을 이뤘습니다. 또 혈연(가족) 중심 사회가 되면서 토지와 가축을 개인(가족)이 소유하게 되었습니다. 그러자 능력에 따라 잘사는 사람과 못사는 사람이 생겨났습니다. 힘 있고 재산이 많은 사람들은 힘없는 사람들을 지배했습니다. 사회 계급(계층)은 점차 뚜렷하게 나뉘었으며, 청동기시대에는 크게 지배층 – 평민 – 노비로 구분되었습니다.

고조선 법률에는 '남의 물건을 훔치면 노비로 삼는다'는 내용이 있습니다. 그 시기에 이미 노비가 사회의 한 계층을 이루었음을 알 수 있습니다. 노비는 대부분 전쟁에서 잡혀 온 포로였습니다. 주인은 노비를 사고파는 것은 물론이고 자식들에게 물려줄 수도 있었습니다. 고대에 노비는 땅과 함께 귀중한 재산으로 여겨졌습니다.

한번 노비가 되면 여간해서는 신분을 벗어날 수 없었습니다. 전쟁에 나가서 큰 공을 세우면 노비 신분에서 벗어나게 해 주었지만 실제 사례는 드물었습니다. 아주 멀리 도망을 쳐서 신분을 바꾸기도 했지만 이 또한 쉽지 않았을 것입니다. 동아시아의 다른 나라와 비교해 보아도 우리나라의 노비 제도는 아주 엄격했습니다. 삼국시대 이후에 이렇다 할 영토 전쟁이 없던 우리나라는 전쟁 포로를 새로이 충원하지 못했습니다. 따라서 노비 숫자를 유지하려면 세습적인 노비 제도를 시행할 수밖에 없었습니다. 이 때문에 노비는 우리나라 전통 사회에서 하나의 신분 계층으로 자리 잡았습니다. 역사적으로 노비 제도를 폐지하려던 시도가 몇 차례 있었지만 그때마다 노비를 소유한 사람들의 반대에 가로막혔습니다. 노비 제도는 1894년 갑오개혁 때 신분 제도를 철폐하면서 사라지게 되었습니다.

데, 이때는 병사가 되어 전쟁터로 나갔을 것입니다. 노비는 대부분 전쟁 때 포로가 된 사람들입니다. 죄를 짓거나 빚을 갚지 못한 사람도 노비가 되었습니다.

고조선은 만주와 한반도 유역의 어느 정치 세력보다 훨씬 강력하고 안정적으로 성장했습니다. 고조선은 연맹을 맺은 세력들을 보호해 주고, 법으로 공평하게 다스렸습니다. 그러면서 군대를 키우고 영토를 넓히고 법과 제도를 다듬고 중앙 관료를 지방으로 내보냈습니다. 차츰 국가 체제의 기틀을 마련한 것입니다.

한편 중국에서는 3500년 전쯤 상나라 때부터 동물의 뼈에 새긴 상형문자(갑골문자)가 쓰이기 시작합니다. 갑골문자는 점점 글자 수도 많아지고 모양도 다듬어져서 기원전 3세기쯤에 완성된 문자 체계를 이룹니다. 이 문자가 바로 한자입니다. 이때부터 한자는 중국과 주변 나라에서 쓰이기 시작했습니다. 역사시대가 시작된 것입니다. 한반도에는 고조선 말기와 한군현이 설치된 시기에 한자가 들어왔습니다.

위만조선

기원전 4세기에 고조선은 여전히 한반도 북부와 요령, 만주 지역에서 세력을 떨치고 있었습니다. 이때 고조선 서쪽에서 세력을 키우던 연나라가 쳐들어왔습니다. 당시 연나라군은 철로 만든 무기를 사용하고 있었습니다. 철로 만든 무기는 청동 무기보다 훨씬 강력했습니다. 고조선은 연나라에 밀려 서쪽 영토를 빼앗겼습니다. 연나라의 철기 문화는 고조선에 큰 충격을 주었고 새로운 변화의 바람을 몰고 왔습니다.

한편 기원전 221년 중국에는 최초의 통일 국가인 진나라가 등장합니다. 진나

한나라 영토와 한사군 위치 중국을 통일한 한나라는 위만조선을 물리치고 네 곳에 군현(한사군)을 세웠습니다. 한사군의 위치는 정확하지 않지만, 한반도 북부에 자리 잡은 것으로 보입니다. 한사군은 백년 정도 유지되다가 한반도의 여러 세력에게 밀려나거나 사라졌습니다.

라 시황제는 강력한 군대와 법으로 중국을 다스렸습니다. 하지만 시황제가 10여 년 만에 병으로 죽자 진나라는 금세 무너지고 중국은 다시 혼란에 빠집니다. 전쟁의 폭풍은 연나라까지 휩쓸었습니다. 그러자 위만이 연나라 사람들 1천여 명을 이끌고 고조선으로 넘어왔습니다. 고조선의 준왕은 위만에게 땅을 주고 고조선의 서쪽 국경 지대를 지키게 했습니다. 위만은 조금씩 군사를 모으고 힘을 키왔습니다. 그러고는 기원전 194년에 고조선의 준왕을 몰아냈습니다. 위만조선 시대가 열린 것입니다.

위만조선은 다시 주변 부족을 정복하여 영토를 넓히고 강력한 정치력을 펼칩니다. 위만은 왕권을 키우고 지방 세력을 철저히 지배했습니다. 나아가 철기 문화를 적극적으로 받아들여 강력한 군대를 길러 냈습니다.

위만의 손자 우거왕에 이르러, 위만조선은 중국 한나라를 따돌리고 주변 국가들의 중계 무역을 도맡았습니다. 중국을 통일하고 한껏 기세가 오른 한나라가 이걸 그냥 두고 볼 리 없었습니다. 기원전 109년, 한나라는 위만조선으로 군대를 보냈습니다. 위만조선은 1년 가까이 한나라군과 맞서 싸웠습니다. 하지만 오랜 전쟁으로 지배층이 분열하면서 우거왕이 살해되고 평양의 왕검성(왕험성)도 무너집니다. 기원전 108년, 결국 위만조선은 멸망하고 말았습니다.

한나라는 위만조선을 멸망시킨 뒤에 낙랑·진번·임둔·현도 등 네 곳에 중국식 지방 제도인 군현(한사군)을 세웠습니다. 한사군의 실체는 오늘날까지 안개에 싸여 있습니다. 어디에 세워졌는지, 어떤 방식으로 다스렸는지, 한나라군이 계속 머물렀는지에 대해 의견이 여럿으로 갈리고 있습니다.

다만 이 시기에 한나라의 문물과 문화가 한반도에 빠르게 밀려든 것은 분명합니다. 먼저 한자가 지배층을 중심으로 널리 퍼졌습니다. 한자를 익히면서 한반도 사람들은 역사를 스스로 기록할 수 있게 되었습니다. 한자와 함께 유교도 널리 소개되었습니다. 유교는 국가를 다스리는 정치 사상이자 사람들의 생활로 자리 잡았습니다. 나아가 철로 만든 도구가 널리 퍼졌습니다. 한반도 곳곳에서는 철 성분이 들어 있는 철광석을 어렵지 않게 구할 수 있습니다. 철은 전쟁 무기뿐만 아니라 농사 도구, 생활용품으로도 많이 제작되었습니다. 이제 한반도는 본격적으로 문명 시대, 역사 시대를 맞이했습니다.

철의 발견

청동기시대에 인류는 풀무와 가마를 이용해 불의 온도를 크게 높이는 방법을 알아냈습니다. 그리고 기원전 1200년쯤에 드디어 1,535도까지 불 온도를 높여 철광석에서 철을 뽑아내는 방법을 찾았습니다. 철은 자연에 널리 분포되어 있는 금속 가운데 녹는 온도가 비교적 높고, 고체 상태에서 아주 단단합니다. 또 쓰임에 따라 다양하게 가공하여 사용할 수도 있습니다. 인류는 드디어 일상생활에서 실용적으로 사용할 수 있는 금속을 발견해 낸 것입니다.

철로 도구를 만드는 방법은 크게 두 가지로 나뉩니다. 하나는 청동기와 마찬가지로 철을 녹여 거푸집에 부어 만드는 방법입니다. 다른 하나는 철을 고체 상태에서 센 불에 달구어 부드럽게 만든 다음, 망치로 두드려 만드는 방법입니다. 철을 두드려서 도구를 만들면 그만큼 힘이 많이 들지만 거푸집에서 만든 것보다 훨씬 단단해집니다.

이때부터 철기는 인류가 문명을 발전시키는 데 엄청난 영향을 주었습니다. 철로 만든 농기구는 농업 생산력을 크게 높였습니다. 늘어난 생산량만큼 사람들의 살림살이는 한결 나아졌고, 지배 세력은 크게 힘을 키웠고, 사회는 더욱 복잡해졌습니다. 또 철로 만든 무기는 석기나 청동기와는 비교도 할 수 없을 만큼 위력적입니다. 지배 세력은 철제 무기를 휘두르는 군대를 앞세워 영토 전쟁을 벌이고 백성들을 다스렸습니다. 철기는 고대국가가 만들어지는 데 밑거름이 되었습니다.

철은 인류 역사에 큰 영향을 끼쳤습니다. 철은 오늘날에도 가장 많이 사용되는 금속 가운데 하나입니다. 철이 없는 현대 사회는 상상할 수도 없습니다. 굳이 시대 구분을 하자면 현대도 철기시대에 속한다고 볼 수 있습니다.

고조선의 뒤를 이은 나라들

고조선 시기에 한반도 유역에는 크고 작은 나라들이 저마다 세력을 이루고 있었습니다. 이들 나라는 저마다 고유한 문화를 일궜으며, 이웃 나라에 서로 영향을 끼쳤습니다. 한반도 역사에 발자취를 남긴 몇몇 다른 나라를 좀 더 알아볼까요?

예로부터 북만주 지역에는 여러 정치 세력이 여기저기 흩어져 살고 있었습니다. 그러다가 기원전 2세기에 여러 세력이 한데 모여 왕을 뽑고 부여를 세웠습니다. 부여의 왕은 중앙을 다스리고, 나머지 세력의 우두머리들이 영토를 네 지역으로 나누어 다스렸습니다. 이들은 왕의 명령을 따르기는 했지만, 자기가 다스리는 지역에서는 큰 권한을 가졌습니다. 가뭄으로 곡식 생산량이 줄어들거나 하면 여러 세력이 모여 왕을 물러나게 하고 새 왕을 뽑기도 했습니다. 여러 정치 세력이 모여서 세운 나라이다 보니 왕의 권한이 그다지 크지 않았습니다. 비록 왕이 나라를 다스리지만 다섯 세력의 하나에 불과했습니다.

그럼에도 부여는 나름대로 국가의 모습을 갖추어 갔습니다. 부여는 고조선과 마찬가지로 범죄를 법으로 다스렸습니다. ①남을 죽인 사람은 사형시키되 그 가족을 모두 노비로 삼았고 ②도둑질한 사람은 그 물건의 열두 배를 물어내게 했으며 ③간음을 한 사람도 사형시켰습니다.

금동 가면 2~3세기에 만들어진 장식품으로, 부여의 유물로 보입니다. 중국 지린(길림)성.

또 부여는 해마다 12월에 영고라는 제천 의식을 벌였습니다. 이때 부여 사람들은 모두 한데 모여 한 해 수확한 곡식과 가축을 하늘에 바치며 제사를 지냈습니다. 또 춤과 노래와 놀이를 하며 즐겼습니다. 부여뿐만 아니라 한반도의 다른 정치 세력과 국가들도 저마다 독특한 제천 의식을 치렀습니다. 고대 사회에서 제천 의식은 자신들이 하늘(신)의 특별한 보살핌을 받는 부족이라는 걸 확인하고, 공동체 의식을 드높이는 중요한 행사였습니다. 제천 의식은 훗날 고대국가가 생겨난 뒤에도 계속 이어졌습니다.

부여는 일찍이 한곳에 머무르며 농사를 지었지만, 겨울이 길어서 목축과 사냥을 위주로 생활했습니다. 특히 부여에서 길러 낸 말은 크고 튼튼해서 비싼 값에 팔렸고, 동물의 털가죽과 옥도 품질이 빼어났습니다. 부여는 이 특산물들을 이웃 국가에 팔아서 큰 이득을 보았습니다.

부여는 중국과 북방 유목민, 그리고 고조선 사이에 자리 잡고 있었습니다. 그렇다 보니 크고 작은 전쟁이 끊이지 않았습니다. 이 때문에 부여에는 독특한 풍습이 하나 있었습니다. 형이 전쟁에 나가 죽으면 동생이 형의 아내와 결혼해서 함께 사는 풍습입니다. 지금의 생각으로는 이상하지만, 그만큼 전쟁이 잦았고 전

제천 의식

쟁에서 죽는 남성이 많아 그 가족을 동생이 돌보았던 것입니다. 부여의 군사들은 워낙에 말과 무기를 잘 다루고 용맹했습니다. 고조선이 멸망한 뒤에도 부여는 한동안 나라를 굳건히 유지했습니다.

부여의 전통 문화는 이웃 국가에 큰 영향을 끼쳤는데, 특히 말을 다루는 기술과 용맹성을 이어받은 나라가 바로 고구려입니다. 고구려는 건국 신화에서 부여의 후손임을 분명히 밝히고 있습니다. 하지만 부여는 빠르게 성장하던 고구려와의 경쟁에서 밀려났습니다. 부여는 광개토대왕의 공격으로 410년 큰 타격을 받았고, 494년 문자왕에 의해 고구려에 합병되었습니다.

한반도 북동쪽에는 동예와 옥저가 있었습니다. 동예는 오늘날 강원도, 옥저는 오늘날 함경도 지역에 자리 잡고 있었습니다. 동예와 옥저 지역은 높은 산맥과

움집터 강원도 강릉시 초당동의 움집 유적. 사람들은 20~50센티미터 깊이로 네모나게 땅을 파고 움집을 지어 생활했습니다. 이 움집터는 동예의 유적으로 알려져 있습니다.

제천 의식

한반도의 여러 정치 세력과 국가들은 농사를 시작하거나 마무리하던 봄가을에 한데 모여 하늘에 제사를 올리고 잔치를 벌였습니다. 제천 의식은 하늘의 보살핌을 받고 있다는 믿음을 확인하고, 공동체 의식을 높이는 중요한 행사였습니다.

고조선 이후의 주요 국가 후기 청동기와 초기 철기시대에 한반도 유역의 국가들은 독특한 문화를 이루며 서로 경쟁하고 문물을 나누었습니다.

바다에 둘러싸여 있고 평야가 별로 없었습니다. 이런 환경에서는 사람들이 살기에 무척 힘겨웠습니다. 좁은 밭에 기장·수수 같은 작물을 기르고, 산에서 사냥과 채집을 하고, 바다에서 고기를 잡아 먹을거리를 해결했습니다. 생산물이 적으니 마을 사이에 교류도 많지 않았고, 당연히 왕이라고 할 만한 권력자가 없었습니다. 마을들은 산과 강을 따라 경계가 또렷했으며 누구라도 함부로 이 경계를 넘지 못했습니다.

이런 지리 환경은 반대로 좋은 점도 있습니다. 산맥과 바다는 전쟁을 막아 주는 방패막이 역할을 했습니다. 덕분에 동예와 옥저는 오랫동안 큰 전쟁을 치르지 않았고, 저마다 독특한 문화를 이루며 살았습니다. 예를 들어 동예에서는 가족 가운데 한 사람이 죽으면 곧바로 집을 버리고 다른 곳으로 이사했습니다. 동예 사람들이 얼마나 질병과 죽음을 두려워하고 멀리하려 했는지 보여 주는 풍습입니다. 또 옥저에는 민며느리 풍습이 있었습니다. 신랑 집안은 결혼을 약속한 어린 신부를 미리 데리고 왔습니다. 그러고는 어린 신부에게 어떤 일을 해야 하는지 가르쳤습니다. 나중에 신부가 결혼할 나이가 되면 신랑 집안은 신부 집안이 요구하는 값진 물건과 가축을 주고서 정식으로 결혼했습니다. 민며느리 풍습에는 옥저의 힘겨운 생활 모습이 담겨 있습니다. 신랑 집안은 신부의 일솜씨(노동력)를 최대한 끌어올려야 했습니다. 또 신부 집안은 딸을 시집보내며 재산을 불려야 했습니다. 어려운 살림을 꾸려 가기 위해서 생겨난 풍습이었습니다.

옥저와 동예가 한반도의 변두리에 있다고 해도 역사의 흐름을 피해 갈 수는 없었습니다. 위만이 고조선을 다스리면서 먼저 주변 나라를 무릎 꿇렸는데, 동예와 옥저도 그중 하나였습니다. 얼마 뒤에 고조선이 멸망하자 이번에는 한사군의 영향을 받았습니다. 그러다 2세기쯤에는 대부분 고구려 영토가 되었습니다. 이 시기에 옥저와 동예의 공동체 의식과 고유한 문화는 대부분 사라졌습니다.

한반도 중남부 지역에는 고조선과는 다른 국가들이 있었습니다. 이들 국가는 세형 청동검과 바둑판식 고인돌 문화를 바탕으로 농경 사회를 이루었습니다. 한반도 중남부의 모든 세력을 합쳐 '진국'이라고 불렀는데, 하나의 국가 체제를 이루지는 못하고 연합체로 묶여 있었던 것으로 보입니다.

진국의 내부 세력들은 서로 전쟁을 치르거나 힘을 모아 저마다 세력을 넓혀 갔습니다. 또 고조선을 비롯한 외부 세력이 내려와 자리를 잡기도 했습니다. 그러다 기원전 2세기에 이르러 마한, 진한, 변한이 등장합니다. 마한은 오늘날 한강 유역과 충청도와 전라도에, 진한은 경상도 북부에, 변한은 경상도 남부에 자리를 잡았습니다. 이 세 나라를 합쳐 '삼한'이라고 부릅니다. 이런 국가들은 나라의 규모가 작고 체제가 덜 갖추어져서 '소국(작은 나라)'이라고 부릅니다. 다른 말로는 아직 왕이라고 부를 만한 권한을 갖지 못한 군장이 다스리는 나라라는 뜻으로 '군장국가', 작은 성(도읍)을 다스리는 나라라는 뜻으로 '성읍국가'라고 부르기도 합니다.

삼한 세력에는 우두머리가 있었지만 왕이라고 부를 만큼 정치적인 힘을 발휘하지는 못했습니다. 다만 저마다 중심이 되는 도읍이 있었고, 우두머리 신지가 도읍을 다스렸습니다. 신지는 다른 세력과의 교류도 주도했을 것입니다. 또 신을 모시고 제사를 지내는 '소도'라는 곳도 있었습니다. 소도는 오직 제사장들만 머무르는 신성한 곳이었고, 죄를 지은 사람이 이곳으로 도망을 가도 함부로 잡아

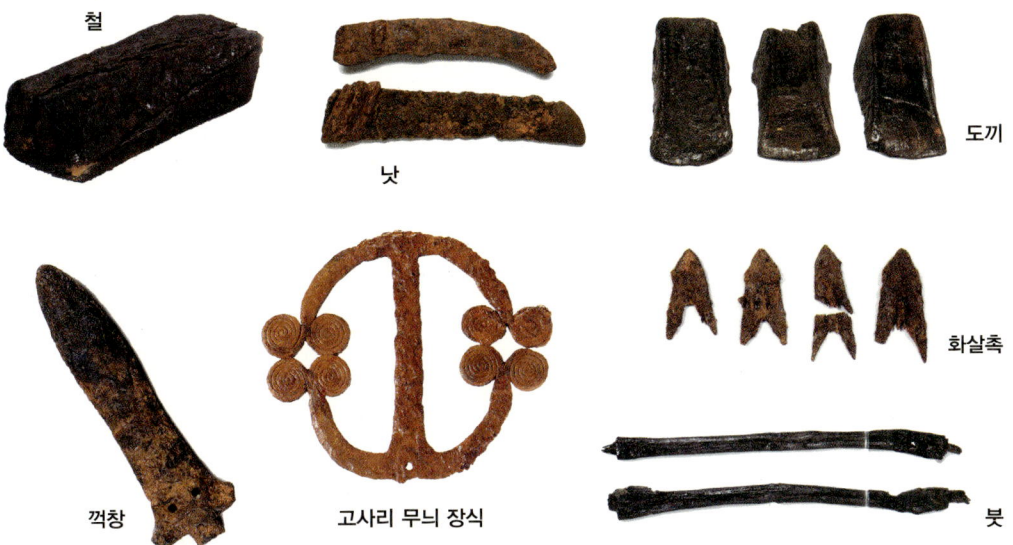

변한의 철기 유물 변한은 철기 도구를 만들어 일본에까지 수출했습니다. 유물 가운데는 붓도 출토되었는데, 이 시기에 이미 중국 한자가 한반도에 유입되었다는 증거입니다.

올 수 없었습니다. 이는 제사를 지내는 제사장과 나라를 다스리는 지도자가 나뉘었음을 뜻합니다.

삼한은 평야가 넓고 사계절이 또렷해서 농사를 짓기에 적당합니다. 밭농사는 물론이고 논에 물을 가두어서 벼를 재배하는 농사법도 알려져 있었습니다. 또 누에고치에서 실을 뽑아 비단을 잣는 기술도 빼어났습니다. 위만조선과 한사군을 통해 철기 문화가 들어오면서 삼한의 농사 기술은 한층 발전했습니다. 특히 진한과 변한 지역에는 철광석이 많이 묻혀 있습니다. 이곳 사람들은 철을 다루는 기술을 익혀 갖가지 도구를 만들었습니다. 곡식 이삭을 따는 손칼, 땅을 가는 따비, 밭고랑을 파거나 작물 뿌리를 캐는 괭이, 흙을 파서 옮기거나 물길을 내는 삽 등 철로 만든 농사 기구가 이때 만들어졌습니다. 철기 농사 도구는 곡식 생산량을 크게 늘려 주었습니다. 삼한의 철기 도구는 멀리 왜까지 수출되었습니다.

마한 독널무덤과 부장품 독널무덤은 3세기 후반에 눈에 띄게 규모가 커졌습니다. 무덤 주인은 한강 유역의 백제와는 다른 마한 세력으로 보입니다. 전라남도 나주.

    한편 삼한시대에는 고인돌이 아닌 새로운 무덤 양식들이 생겨났습니다. 하나는 땅속에 널찍한 방을 만들어서 시신을 묻는 널무덤(토광묘)입니다. 사실 널무덤은 선사시대부터 일반적으로 쓰이던 무덤 양식입니다. 다만 삼한시대에는 시신을 나무 관에 담아서 묻는 덧널무덤(토광목곽묘)이 등장했습니다. 덧널무덤은 주로 진한과 변한 지역에서 널리 유행했으며, 시기가 지날수록 규모가 커졌습니다. 무덤에서는 갖가지 토기를 비롯해서 쇠화살촉·쇠투겁창 같은 무기와 낫이나 도끼 같은 농사 기구, 무덤 주인의 신분을 짐작할 수 있는 고리자루큰칼 등이 발굴되었습니다.

또 하나는 항아리 모양의 큰 독으로 관을 만들어서 시신을 넣고 땅에 묻는 독널무덤(옹관묘)입니다. 독널무덤은 영산강 유역을 비롯한 마한 지역에서 많이 발굴되었습니다. 독널무덤 또한 토기, 청동기, 철기 유물을 비롯하여 화려한 장신구가 부장품으로 묻혀 있었습니다. 이들 덧널무덤과 독널무덤의 크기와 부장품은 삼한이 강력한 세력을 바탕으로 높은 문화 수준에 다다랐음을 보여 주고 있습니다.

삼한은 철기 문화까지 받아들이며 수준 높은 문화를 이루었습니다. 발전된 농사 기술과 안정된 사회 체제는 새로운 변화의 바탕이 되어 주었습니다. 마한에서는 백제, 진한에서는 신라, 변한에서는 가야가 그 자리를 대신합니다.

위만조선

고조선 역사에서 가장 먼저 등장하는 실제 인물은 누구일까요?

먼저 단군왕검이 떠오르지만, 단군왕검은 신화의 주인공일 뿐 아니라 고조선의 여러 지배자들을 통틀어 일컫는 이름일 가능성이 큽니다. 또 중국의 몇몇 역사책에는 상나라 사람 기자가 고조선으로 건너가 왕이 되었다고 기록되어 있습니다. 하지만 이들 기록 또한 신화적인 내용이 뒤섞여 있고 사실 관계가 분명하지 않아서, 기자를 실제 역사 인물이라고 받아들이지는 않습니다.

그다음 등장하는 인물이 위만과 준왕입니다. 기원전 206년, 중국에서는 진나라가 멸망하고 한나라가 그 자리를 대신했습니다. 이 과정에서 많은 사람들이 정치적 혼란을 피해 고조선으로 넘어왔습니다. 한나라 역사책 《사기》에 따르면, 이 시기에 연나라 사람 위만도 1천여 명을 이끌고 고조선으로 건너왔습니다. 그러고는 기원전 194년에 고조선의 준왕을 몰아내고 위만조선을 세웠습니다. 이처럼 구체적으로 기록되어 있으니, 위만과 준왕은 실제 인물로 보입니다.

위만은 연나라 사람이라고 하지만 고조선으로 넘어올 때 상투를 틀고 고조선 옷을 입었다고 기록되어 있습니다. 이 때문에 위만이 연나라에서 살던 고조선 계통의 인물이라고 보는 견해도 있습니다.

고조선의 준왕은 위만에게 고조선의 국경 지대를 수비하는 일을 맡겼습니다. 위만이 국경 지대를 잘 지켜 내자 준왕은 위만에게 높은 벼슬과 넓은 땅을 내려 주었습니다. 그러나 위만에게는 다른 생각이 있었습니다. 고조선 땅으로 넘어오는 망명자의 숫자가 늘어나고 세력이 커지자 위만은 왕위를 빼앗으려 기회를 노렸습니다.

기원전 194년 무렵 위만은 준왕에게 한나라가 공격해 온다고 거짓으로 보고했습니다. 그러면서 준왕을 지킨다는 핑계로 군대를 이끌고 도읍으로 쳐들어가 방심하고 있던 준왕을 내쫓았습니다. 준왕은 위만의 갑작스러운 공격에 왕위에서 쫓겨나 신하들을 이끌고 뱃길을 이용해 남쪽으로 내려갔습니다.

그렇게 고조선은 위만이 다스리는 나라가 되었습니다. 권력을 잡은 위만은 고조선의 여러 세력을 잘 끌어안으며 나라를 빠르게 안정시켰습니다. 나라 이름도 바꾸지 않고 그대로 두었습니다. 이런 사실에 따르자면 고조선은 새로운 국가로 바뀐 것이 아니라 권력 다툼으로 지배층이 바뀌었다고 볼 수 있습니다.

위만은 나아가 철기 문물을 받아들이고, 한나라와 흉노족 사이에서 균형을 잡으며 영토를 넓히는 한편, 국제 무역으로 크게 이익을 얻었습니다. 위만은 강력한 왕권을 바탕으로 아들에게 왕위를 물려주었습니다. 역사학자들은 위만이 다스리던 고조선을 이전 고조선과 구별하여 '위만조선'이라고 부릅니다.

위만조선은 위만의 손자인 우거까지 3대에 걸쳐 87년간 유지되다가 기원전 108년에 한나라에 멸망되었습니다. 이로써 우리나라 최초의 국가인 고조선도 역사 속으로 사라졌습니다.

유물로 보는 역사

잔무늬 청동거울

청동기시대에는 유리로 만든 거울이 없었고, 청동으로 거울을 만들어 사용했습니다. 청동으로 평평한 판을 만든 다음 수없이 문질러서 반질반질해지면 사물을 비춰 볼 수 있습니다. 그런데 왜 박물관에 전시된 청동거울은 아무리 들여다봐도 얼굴이 잘 비춰지지 않을까요? 박물관에 전시된 청동거울은 녹슬었을 뿐더러 대부분 무늬가 새겨진 뒷면이 보이게 전시해 놓았기 때문입니다. 왼쪽의 국보 141호 잔무늬청동거울 사진도 뒷면 모습입니다. 거울 앞면을 전시하지 않는 이유는 볼 만한 것이 없어서입니다.

청동거울은 사물을 비추는 데 쓰이기도 했지만 또 하나 중요한 쓰임새가 있습니다. 청동거울은 만들기도 어렵고, 늘 반질반질하게 유지하기도 쉽지 않습니다. 따라서 큰 세력을 이끄는 우두머리쯤 되어야 지닐 수 있었습니다. 청동거울은 오늘날 거울의 기능보다는 자신의 권위를 드높이는 상징물로 사용했을 것입니다. 어쩌면 청동거울로 햇빛을 반사시키면서 자신이 하늘신과 연결되어 있는 증거라고 주장했을 것입니다.

잔무늬청동거울을 좀 더 꼼꼼히 살펴볼까요? 가운데 볼록 솟은 꼭지는 끈을 끼워서 묶는 고리입니다. 바닥에는 동그라미·세모·직선 같은 도형이 섬세하게 새겨져 있습니다. 자세히 보면, 모든 도형들은 머리카락처럼 가는 선으로 이루어져 있습니다. 지름 21.2센티미터의 잔무늬청동거울에는 굵기가 0.22밀리미터밖에 안 되는 선이 무려 13,300여 개나 새겨져 있습니다. 현대 기술로도 이런 청동 물건을 만들기는 쉽지 않습니다.

이 잔무늬청동거울이 언제, 어떻게 만들어졌는지는 정확히 알 수 없습니다. 다만 청동기시대 초기에 돌로 만든 거푸집에서 나온 청동거울은 무늬가 이보다 거칠고 투박합니다. 청동기시대 후기에 사람들은 밀랍과 진흙으로 거푸집을 만드는 방법을 발견했습니다. 밀랍과 진흙 거푸집을 이용하면 한결 다양하고 정교한 청동 도구를 만들어 낼 수 있습니다. 잔무늬청동거울도 이때부터 만들어졌을 것입니다.

청동거울은 고려와 조선시대에도 아주 귀한 물건이었으며, 근대에 서양의 유리 거울이 들어오기 전까지 널리 사용되었습니다.

기원전 37년
고구려 건국

42년
금관가야 세움

기원전 57년
신라 건국

기원전 18년
백제 건국

삼국의 건국과 발전

한반도에 철기 도구가 널리 퍼지면서 생산력이 크게 늘었습니다. 사회는 계층이 또렷하게 나뉘고 백성들 생활도 한결 복잡해졌습니다. 힘센 국가는 주변 세력들을 끌어들이며 영역을 넓혀 갔습니다. 국가의 지배자인 왕은 권력을 강화시키며 법과 제도를 갖추고 정치를 펼쳤습니다. 그러니까 중앙집권제 성격을 띤 국가가 등장한 것입니다. 이 시기에 한반도에서는 고구려, 백제, 신라가 차츰 중앙집권제 국가로 성장했습니다. 세 나라는 한반도의 주인이 되기 위해 치열하게 경쟁하는 한편, 저마다 독특한 문화를 꽃피웠습니다.

건국 신화로 본 삼국의 탄생

고려시대 김부식이 쓴 《삼국사기》에는 신라, 고구려, 백제의 순서대로 건국되었다고 쓰여 있습니다. 앞서 살펴본 단군왕검 신화도 그렇지만, 삼국의 건국 신화에도 실제로는 일어날 수 없는 이야기가 자주 나옵니다. 하지만 이 이야기들을 꼼꼼히 들여다보면 허황된 이야기 속에 담겨 있는 실제 역사를 발견할 수 있습니다. 삼국의 건국 신화를 한번 살펴볼까요?

먼저 신라의 건국 신화입니다. 진한이 경상도 일대를 다스리던 때 일입니다. 고조선이 무너지자 한 무리의 고조선 사람들이 진한으로 건너왔습니다. 이들은 서라벌(경상북도 경주)의 산기슭에 여섯 마을을 이루며 살아갑니다. 하루는 한 마

오릉 신라 초기 다섯 왕의 무덤으로 보입니다. 경상북도 경주시 탑정동.

을 촌장이 남산 기슭을 바라보는데, 우물 (나정) 옆 숲에서 말이 무릎을 꿇고 울고 있었습니다. 가서 보니 말이 울다 사라진 자리에 큰 알이 놓여 있었습니다. 이 알에서 갓난아이가 나왔는데, 이 아이가 바로 박혁거세입니다.

박혁거세는 열 살 무렵에 이미 재주가 빼어나고 행동거지가 어른스러웠습니다. 여섯 마을 사람들은 기원전 57년에 박혁거세를 거서간으로 모시고, 나라를 세웠습니다. 거서간은 진한 사람들 말로 '지도자' '우두머리'를 일컫습니다. 이들은 서라벌을 도읍으로 정했으며, 나라 이름도 '서라벌'이라고 붙였습니다.

고구려의 건국 신화는 동부여(두만강 유역으로 추정)에서 시작합니다. 하루는 하늘의 신인 해모수가 물의 신인 하백의 딸 유화를 꾀어 사랑을 나눴습니다. 그 일로 유화는 아이를 뱄는데, 놀랍게도 알을 낳았습니다. 동부여의 금와왕은 나라에 좋지 않은 징조라고 여기고 알을 내다 버리게 했습니다. 하지만 짐승들은 알을 피하고, 새는 알을 품어 보호했습니다. 억지로 깨뜨리려 했지만 어찌나 단단한지 깨지지도 않았습니다. 결국 금와왕은 유화에게 알을 돌려주었고, 얼마 뒤에 남자아이가 알에서 나왔습니다. 바로 주몽입니다.

주몽은 자라면서 날로 뛰어난 재주를 갖추어 갔습니다. '주몽'이라는 이름도 부여 말로 '활을 잘 쏘는 사람'이라는 뜻입니다. 그러자 동부여의 일곱 왕자들이 주몽의 재주를 시기하며 죽이려 했습니다. 주몽은 자기를 따르는 친구들과 남쪽으로 도망갔습니다. 졸본(압록강 북부의 오녀산성 일대로 추정) 지역에 다다른 주몽은 기원전 37년에 고구려를 세우고 동명성왕이 되었습니다.

 백제의 건국 신화는 여러 모로 고구려와 이어져 있습니다. 주몽이 동부여에서 도망 나와 졸본 지역에 고구려를 세울 때의 일입니다. 졸본부여의 왕은 주몽이 특별한 사람이라는 걸 알아채고 자신의 딸과 결혼을 시켰습니다. 이때 낳은 맏아들이 비류, 둘째 아들이 온조입니다. 그런데 두 아들이 청년으로 자랐을 무렵 주몽이 동부여에 있을 때 낳은 아들이 찾아왔습니다. 이 아들이 주몽의 뒤를 잇는 태자(왕위를 이을 아들) 자리에 올랐고, 비류와 온조는 고구려를 떠나 남쪽으로 길

오녀산성 고구려 초기 도읍지 또는 도읍을 지키던 산성으로 보입니다. 중국 랴오닝성 환런(환인)현.

석탈해와 김알지 탄생 신화

서라벌에는 박혁거세뿐만 아니라 석탈해와 김알지의 탄생 신화도 전해 내려옵니다. 이 신화는 각각 석씨와 김씨 가문의 시작을 알리고 있습니다.

석탈해 신화를 먼저 살펴볼까요? 일본 동북쪽 천 리 밖에 있던 용성국의 왕비는 배가 불러 오더니 알을 낳았습니다. 알은 궤짝에 담겨 바다에 버려졌는데, 이게 서라벌 앞바다로 떠밀려 왔습니다. 한 노인이 궤짝을 발견하고 열어 보니 사내아이와 노비들과 갖가지 보물이 들어 있었습니다. 사내아이는 그 길로 토함산에 올라 돌무덤을 파고 7일 동안 머물다가 산을 내려왔습니다. 그러고는 호공이라는 사람 집에 숫돌과 숯을 몰래 묻어 두었습니다. 이튿날 아침, 사내아이는 관가에 찾아가 조상 대대로 살았던 집을 호공이 차지했다며 고발했습니다. 사내아이는 그 증거로 숫돌과 숯이 묻혀 있는 곳을 찾아 보여 주고 호공의 집을 빼앗았습니다. 이 이야기를 들은 서라벌의 남해왕은 사내아이를 슬기롭다고 여겨 첫 번째 공주와 결혼시켰습니다. 이 사내아이가 바로 훗날 신라의 네 번째 왕 석탈해입니다.

김알지 신화는 석탈해가 서라벌을 다스리던 때를 배경으로 삼고 있습니다. 석탈해는 어느 날 밤 숲속에서 닭이 우는 소리를 들었습니다. 이튿날 소리 나는 곳에 신하를 보내 살펴 보니 나뭇가지에 금빛 궤짝이 걸려 있고 그 아래에 흰 닭이 울고 있었습니다. 궤짝에서는 어린 사내아이가 나왔습니다. 사내아이는 '금 궤짝에서 나온 아이'란 뜻으로 '김알지'라는 이름으로 불렸습니다. 김알지는 아주 총명하고 지혜롭게 자랐습니다. 석탈해는 김알지에게 왕위를 물려주려 했지만, 김알지는 파사(박파사)에게 그 자리를 양보했습니다. 훗날 김알지의 후손들은 대를 이어 신라의 왕위에 오릅니다. 13대 미추왕부터 마지막 경순왕까지 모두 김알지의 후손입니다.

신라에는 왜 이렇게 많은 신화가 생겨났을까요? 한동안 박씨, 석씨, 김씨 세 성씨가 돌아가며 왕이 돼서 나라를 다스린 까닭에 각 성씨를 대표하는 신화가 필요했기 때문입니다.

을 떠났습니다. 그러다가 비류는 미추홀(인천) 바닷가에 터를 잡았고, 온조는 위례성(한강 남부)에 도읍을 세우고 나라 이름을 '십제'라고 정했습니다. 이때가 기원전 18년입니다. 하지만 비류가 터전을 잡은 미추홀은 땅이 습하고 소금기가 많아서 살기가 힘들었습니다. 반면 온조가 위례성에 세운 도읍은 농사가 잘되고 살기 편안했습니다. 그러자 미추홀 사람들은 위례를 찾아와 몸을 맡기고 나라를 합쳤습니다. 십제는 크게 성장했으며 나라 이름을 백제로 고쳤습니다.

　삼국의 건국 신화에 따르면 신라의 박혁거세와 고구려의 주몽은 알에서 태어납니다. 옛날 사람들은 하늘을 나는 새가 하늘과 땅을 연결하는 동물이라고 믿었습니다. 따라서 알에서 태어난 사람은 하늘신의 후손이기 때문에 나라를 다스

몽촌토성　가까운 풍납토성과 함께 백제 초기의 도읍지로 보입니다. 토성의 흔적은 거의 사라졌으며, 현재는 공원으로 조성되어 있습니다. 서울 송파구.

릴 고귀한 권한을 갖게 됩니다. 이런 난생 신화는 세계 여러 지역에서 전해져 내려옵니다. 사람들은 이런 신화를 통해 자기 나라가 하늘의 보호를 받는다고 믿고 또 다른 세력에 비해 빼어난 나라임을 확인하고자 했을 것입니다.

삼국의 건국 신화에 등장하는 신은 단군 신화에 비해 역할이 크지 않습니다. 심지어 백제의 건국 신화에는 신이 등장하지 않습니다. 그 대신 국가를 세운 세력과 지도자(왕)가 그 자리를 차지합니다. 여러 건국 신화 속 왕은 여전히 신의 보호를 받지만, 스스로 온갖 고난을 이겨 내고 나라를 세웁니다. 그러니까 삼국의 건국 신화는 왕이 현실에서 강력한 힘으로 나라를 세운 영웅으로 그려 냈던 것입니다. 이제 삼국이 어떻게 국가를 성장시켰는지 좀 더 살펴볼까요?

삼국의 성장

삼국이 세워질 즈음에 고대 사회는 혈연관계에서 벗어나 정치와 경제적인 이해관계가 중심이 된 사회로 접어들었습니다. 왕도 등장하고 영토도 제법 또렷해져 국가의 틀을 갖추었습니다. 물론 아직은 소국(성읍국가, 군장국가)의 모습을 띠고 있었습니다.

성읍국가들은 주변 세력들과 숱한 전쟁을 치렀습니다. 한편으로는 이웃 세력들과 연맹을 맺기도 했습니다. 아직은 한 나라가 다른 나라를 완전히 휘어잡을 만한 힘을 갖추지 못했기 때문입니다. 연맹국가(연맹왕국)에 속한 작은 나라들은 연맹체의 결정에 따르기는 하지만, 독자적으로 왕과 군대를 갖추고 있었습니다.

이런 연맹국가로는 전쟁에 효과적으로 대응하기 어려웠습니다. 전쟁이 일어나면 연맹을 맺은 나라들의 군대가 함께 전쟁터로 나가야 했는데 지휘 체계가 다르니 명령이 빠르고 정확하게 전달되지 못했습니다. 그래서는 전쟁에서 이길 수가 없습니다. 또 연맹국가 안에서 나라들끼리 이해관계가 자주 엇갈리곤 했습니다. 연맹국가보다 더 효율적인 국가 체제가 필요했습니다.

연맹국가의 중심이 되는 나라는 연맹체에 속한 작은 나라를 자신의 국가 체제 안으로 끌어들였습니다. 이때 작은 나라의 지배층을 귀족으로 받아들였습니다. 귀족들은 일정한 지역을 다스렸지만 왕의 명령에 무조건 따라야 했습니다. 귀족은 차츰 국가의 신하와 관료로 자리 잡았습니다. 왕은 군대를 길러 영토를 넓히고 법을 만들어 백성들을 다스렸습니다. 왕의 권력은 점차 커져서 자식에게 왕의 자리를 물려주었습니다. 시기와 방식에서 조금씩 차이는 있지만, 삼국은 저마다 이런 과정을 거치며 중앙집권제 성격을 띤 국가로 성장했습니다.

박혁거세가 이끄는 나라 서라벌은 서라벌 지역에 나라를 세웠습니다. 서라벌 지역은 한 나라의 도읍으로 삼기에 부족함이 없었습니다. 토함산과 크고 작은 산

연맹국가와 중앙집권제 국가 비교

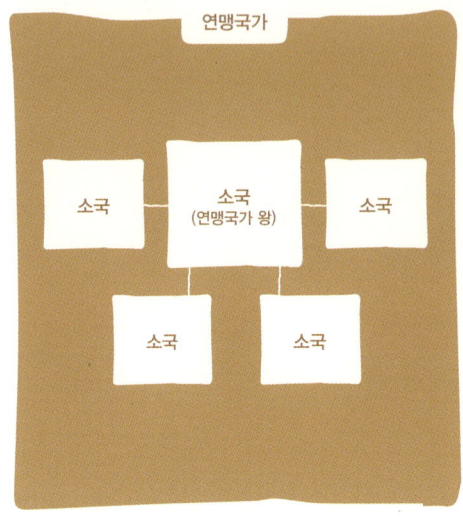
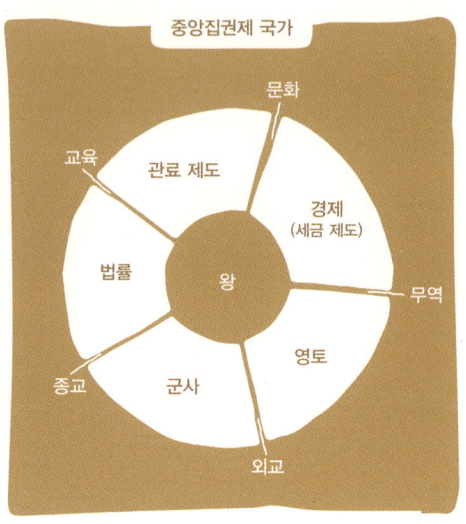

들이 외부의 침입을 막아 주었고, 형산강으로 흘러 들어가는 여러 하천은 땅을 기름지게 만들어 주었습니다. 이를 바탕으로 서라벌은 빠르게 세력을 넓혀 갔습니다. 그렇지만 아직 영토가 넓지 않았고, 박혁거세 뒤를 잇는 지도자의 자리 역시 박씨, 석씨, 김씨 세력의 우두머리가 돌아가면서 맡았습니다. 500년에 왕이 된 지증왕은 농사에 소를 이용하는 우경법을 널리 퍼뜨려 농업 발전을 이루었고, 나라 이름도 서라벌에서 신라로 바꾸었고, '왕'이라는 칭호를 사용했습니다.

주몽(동명성왕)이 이끄는 고구려는 졸본 지역에 자리를 잡았습니다. 당시 졸본에서는 한사군 가운데 하나인 현도군이 물러나고 여러 부족과 작은 나라들이 뒤섞여 경쟁을 벌이고 있었습니다. 고구려는 그 틈바구니에서 혼란을 겪어야 했으며, 한때 한사군과 전쟁을 벌이기도 했습니다. 그러다가 53년에 태조왕이 왕위에 오르면서 나라가 크게 성장했습니다. 태조왕은 먼저 고구려 연맹에 속한 소국들을 힘으로 억누르고 무역, 외교, 군사 권한을 하나로 통일했습니다. 소국의 지도자들은 여전히 자기 지역을 다스렸지만 태조왕의 명령을 따라야 했습니다. 훗날 소국은 고구려 수도와 5부 행정 구역이 되었으며, 소국의 지도자들은 관료이

중앙집권제 국가로의 성장 과정

여러 소국이 모여 하나의 연맹체를 이루었습니다.
소국들은 연맹국가에 소속되었지만 저마다
자기 세력을 유지했습니다.

가장 힘센 소국의 우두머리가 연맹국가의
왕 역할을 맡았으며, 소국들의 힘이
비슷할 경우 번갈아 가며 연맹국가를
이끌기도 했습니다.

연맹국가는 다른 세력과 싸우거나 연합하며
영토를 넓히고 세력을 키웠습니다.

연맹국가 안에서 힘센 소국은 힘이 약한 소국을
자신의 국가 체제 안으로 끌어들였으며,
점차 중앙집권제 국가로 탈바꿈했습니다.

동북아시아의 유목민

아시아 동북부 지역에는 돌궐·거란·몽골·말갈·선비 등 여러 민족이 살았습니다. 이 지역은 땅이 메마르고 겨울이 춥고 길어 농사를 짓기에 적당하지 않았습니다. 그래서 말, 양, 소 같은 가축을 기르거나 사냥을 하며 살았습니다. 이들은 가축의 먹이가 되는 풀을 찾아 여기저기 떠돌아다니는 유목 생활을 했습니다.

유목민은 주변 농경민과 교역을 해서 농산물과 생활필수품을 마련했습니다. 농경민도 유목민으로부터 가축과 짐승 가죽 따위를 구할 수 있었습니다. 하지만 농경민과 유목민 사이가 늘 평화롭지만은 않았습니다. 유목민은 전염병이 돌거나 너무 추워져서 가축이 줄어들면 농경민을 공격해 생존에 필요한 물건을 구해야 했습니다. 농경민도 유목민 지역을 자기 영토로 삼아서 가축과 짐승 가죽을 안정적으로 확보하려 했습니다. 그렇다 보니 둘 사이에는 크고 작은 전쟁이 끊이지 않았습니다.

유목민은 거친 자연환경 때문에 큰 무리로 모여 생활하기 어려웠습니다. 하지만 때때로 큰 세력을 이루기도 했는데, 이렇게 하나로 뭉친 유목민은 엄청난 힘을 발휘했습니다. 유목민은 워낙 말을 잘 다루는 데다 사냥을 하면서 다져진 싸움 실력도 뛰어났기 때문입니다. 유목민 군대는 농경민 등 정착한 백성들과 이들 국가에 골칫거리이자 두려움의 대상이었습니다. '하늘은 높고 말이 살찐다'는 뜻의 '천고마비'는 가을을 이르는 사자성어입니다. 하지만 원래는 겨울을 앞두고 유목민들이 쳐들어올까 봐 걱정하는 농경민들의 마음을 나타낸 말이었다고 합니다.

동아시아 역사에서 여러 유목민족이 큰 자취를 남겼는데, 그중에서도 몽골족과 여진(만주)족은 한때 세계적으로 손꼽을 만큼 거대한 제국을 건설했습니다. 하지만 유목민은 한곳에 머무르며 나라를 유지하는 데 익숙하지 않았습니다. 그래서 큰 제국을 세우고도 오래지 않아 스스로 무너지거나 농경민 문화에 흡수되곤 했습니다.

자 귀족으로 바뀌었습니다.

　나아가 태조왕은 동쪽으로는 옥저와 동예를 정복하고, 서남쪽으로는 한 사군 가운데 하나인 낙랑군과 대결했으며, 북쪽으로는 부여를 비롯한 여러 북방민족과 전쟁을 벌였습니다. 이로써 고구려는 한반도 북부 지역에서 강력한 힘을 지닌 국가로 발돋움했습니다. 고구려는 특히 북방 지역으로 영토를 넓히는 데 힘을 기울였습니다. 고구려가 다른 북방 세력들과 싸움을 벌여 준 덕분에 한반도의 다른 세력들은 한동안 중국과 북방민족의 침입을 받지 않고 안정적으로 국가를 이룰 수 있었습니다.

　한강 유역에 자리 잡은 백제는 처음에 주변의 국가들보다 세력이 아주 크지는 않았습니다. 그러다가 미추홀 지역을 손에 넣으면서 빠르게 성장했습니다. 한강 유역의 너른 평야에서는 농산물이, 미추홀의 바다에서는 해산물이 풍부하게 생산되었습니다. 또 한강과 서해를 잇는 바닷길을 통해 중국과 해상 무역을 전개할 수 있었습니다. 육지에서 이동 수단이 발달하지 않았던 고대에는 주로 바닷길로 물건을 실어 날랐습니다. 따라서 해상 무역은 백제에 많은 이익을 가져다주었습니다.

　풍부한 농수산물과 해상 무역을 바탕으로 세력을 넓혀 가던 백제는 3세기에

백제의 첫 궁성은 어디였을까

《삼국사기》에는 백제가 한강 남쪽 위례성에 도읍을 세웠다고 나옵니다. 백제는 건국 초기에 위례성을 중심으로 한강 유역을 지배했습니다. 이 시기에 백제는 중국이나 일본과도 무역을 하면서 화려한 문화를 꽃피웁니다. 이 정도로 발달한 나라의 도읍이라면 분명 어디엔가 그 흔적이 남아 있을 것입니다. 위례성은 어디에 있었을까요?

위례성으로 짐작되는 곳은 서울 송파구에 있는 풍납토성과 몽촌토성입니다. 한강을 따라 사이좋게 이웃하고 있는 두 성은 모두 평지에 흙을 다져서 쌓은 토성입니다. 풍납토성은 현재 성곽 형태만 2.7킬로미터 정도 남아 있는데 원래는 둘레가 4킬로미터에 이르고 성벽 높이는 10미터가 넘는 큰 성이었던 것으로 보입니다. 풍납토성에는 각 지층마다 한강 유역에 살았던 각기 다른 시대 사람들의 흔적이 쌓여 있습니다. 가장 밑바닥에서는 그물추, 물레, 가락바퀴 같은 유물이 나왔습니다. 선사시대부터 사람들이 살고 있었다는 증거입니다. 또 그 위 지층에서는 백제시대 유물이 겹겹이 발굴되었습니다.

몽촌토성은 둘레가 2.5킬로미터에 이르는데, 전쟁을 대비해서 성 주위에 물구덩이(해자)를 만든 흔적이 남아 있습니다. 성 안쪽에는 집터와 저장용 구덩이가 여기저기 자리 잡고 있으며, 이곳에서 갖가지 토기와 철제 무기가 발견되었습니다. 또 성벽에서는 동전 무늬가 찍힌 자기 조각이 나왔는데, 중국 서진(265~316년)에서 건너온 유물입니다.

발굴된 유적과 유물로 보아 풍납토성과 몽촌토성은 백제의 초기 중심지가 분명해 보입니다. 하지만 두 성 가운데 어디가 위례성인지는 아직까지 정확히 알아내지 못했습니다. 어쩌면 두 성 모두 백제의 도읍 역할을 했던 건 아닐까요?

마한을 이끌어 가던 목지국, 북쪽의 낙랑군과 본격적으로 전쟁을 벌였습니다. 그러다 8대 왕인 고이왕 때는 목지국을 무너뜨리고 마한 지역 대부분을 차지했습니다. 이 시기에 백제는 왕을 중심으로 관료 제도와 군사 제도를 정비하면서 강력한 중앙집권제 국가로 성장했습니다.

한편 고구려와 신라는 백제의 성장을 보면서 한강 유역이 경제·정치적으로 아주 중요한 곳임을 알아차렸습니다. 이후 삼국은 한강 유역을 차지하기 위해 치열한 싸움을 벌였으며, 이 싸움에서 승리한 나라는 전성기를 누렸습니다.

삼국시대의 생활 모습

삼국시대 사람들은 어떤 음식을 먹고, 어떤 옷을 입고, 어떤 집에서 살았을까요? 초기 삼국시대 사람들은 주로 콩·조·수수·보리 같은 밭작물을 길렀습니다. 삼국시대 초기까지는 벼농사를 많이 짓지 못했습니다. 벼는 기온이 높고 물이 많은 곳에서 자라는 아열대성 식물이라 논에서 잘 자랍니다. 강 주변의 평야 지대에서는 논농사를 지을 수 있었지만 여전히 논농사에 필요한 물을 안정적으로 공급하고 관리하는 데 필요한 저수지와 수로 시설이 마련되지 않아서 논농사가 널리 퍼지지는 못한 것입니다. 논 대신 밭에서 벼를 재배하기도 했지만 수확량이 적고 품질도 떨어졌습니다.

대신 이 시기에는 소가 쟁기를 끌게 해서 땅을 깊게 가는 농사법이 널리 퍼졌습니다. 땅을 깊게 갈면 겨우내 땅속에서 만들어진 영양분이 고르게 섞이고 땅이 부드러워져 씨를 뿌려도 바람에 날아가지 않는 데다 땅속 깊이 뿌리가 내려 작물이 잘 자랄 수 있습니다. 덕분에 생산량이 이전보다 늘어났습니다. 물론 이때도 사람들은 도토리를 비롯해 나무 열매와 푸성귀·물고기·조개 따위로 부족한 먹을거리를 보충했습니다.

이제 삼국시대 사람들이 한 끼 밥상을 어떻게 차렸을지 떠올려 볼까요? 먼저 잡곡밥과 소금으로 간을 한 푸성귀가 상에 오릅니다. 소금은 구하기 힘들지만 음식을 만드는 데 없어서는 안 될 재료입니다. 사람들은 푸성귀를 소금에 절여 두었다가 채소가 없는 겨울에 조금씩 꺼내 먹었습니다. 이게 김치의 첫 모습입니다. 콩으로 담근 된장도 빼놓을 수 없습니다. 아마 된장국도 곁들였을 것입니다. 콩은 만주와 한반도 지역에서 오래전부터 주요한 먹을거리 가운데 하나였습니다. 이때는 이미 된장 담그는 법도 알려졌습니다. 여기에 때때로 가축이나 사냥한 고기가 상에 오르기도 했습니다.

평범한 백성들은 하루에 한두 끼 먹기가 힘겨웠지만, 이들의 보잘것없는 밥상에 비해 지배층의 밥상은 아주 풍성했습니다. 고구려 초기의 안악 3호 무덤에는 무덤 주인의 생활 모습을 담은 벽화가 그려져 있습니다. 이 무덤 주인은 집에 곡식을 찧는 방앗간, 고기를 저장하는 푸줏간, 요리를 하는 부엌을 따로 두었습니다. 부엌에서 커다란 솥에 무언가를 끓이고, 시루에 음식을 만드는 모습도 보입니다. 이처럼 삼국시대에는 신분에 따라 먹을거리에서 크게 차이가 났습니다.

삼국시대 사람들은 주로 삼이나 모시로 만든 베옷을 입고, 겨울에는 옷을 껴입거나 털가죽 옷을 겹쳐 입었습니다. 남부 지역에서는 누에를 길러 비단을 뽑기도 했지만 아주 귀해서 왕과 귀족들만 옷을 해 입을 수 있었습니다. 이 시기에는 옷감을 짜는 베틀이 한반도에 들어왔습니다. 베틀은 옷감을 짜는 시간을 크게 줄여

고구려 귀족의 살림살이 벽화에 나오는 푸줏간과 부엌의 규모로 보아, 본채는 훨씬 크고 화려했을 것입니다. 무덤 주인은 왕이나 아주 높은 귀족이었을 것입니다. 황해도 안악군 안악 3호 무덤 벽화.

베 짜는 여성 베틀로 옷감을 짜는 여성 모습. 베틀은 삼국시대에 중국에서 들어온 듯합니다. 베틀은 한반도 옷 문화에 큰 변화를 가져왔습니다. 평안남도 남포시 대안리 1호 무덤 벽화.

주었습니다. 하지만 삼과 누에고치에서 실을 뽑아 옷감을 짜는 일(길쌈)은 아주 힘들었습니다. 몇 달 동안 매달려야 겨우 옷 한 벌 지을 정도의 옷감을 만들 수 있었습니다. 그러니 옷감은 늘 부족하고 귀했습니다. 고대 사회에서 옷감은 물건의 값어치를 매길 때나 물물교환을 할 때 기준이 되었고, 나라에서는 세금을 옷감으로 거두었습니다. 이렇다 보니 나라에서는 길쌈 기술을 널리 알리고 북돋웠습니다. 신라에서는 한 달 동안 베 짜기 시합을 하며 잔치를 벌이기도 했습니다.

삼국시대에는 나라마다 옷 모양이 조금씩 달랐지만, 크게 보자면 모두 엉덩이를 덮는 길이의 저고리에 바지나 치마를 입었습니다. 옷에는 단추가 없었으며, 허리에 띠를 매어 옷을 고정시켰습니다. 그리고 머리에는 모자나 두건을 쓰고,

〈공양행렬도〉 어떤 행사에 물건을 바치러 가는 귀족 부인(가운데), 승려, 시종 등의 모습. 삼국시대에는 신분에 따라 옷차림이 달랐음을 알 수 있습니다. 평안남도 남포시 쌍영총 벽화.

신발을 신었습니다. 겨울에는 두루마기를 덧입어 추위를 막았습니다. 자연환경에 맞고 활동하기에 편안한 이 같은 옷차림은 점차 한반도의 전통 의상인 한복으로 자리 잡았습니다.

옷은 계층이 또렷이 나뉜 사회에서 신분을 나타내는 증표이기도 했습니다. 지배층은 화려한 비단옷에 다양한 문양을 넣어 신분을 드러냈고, 귀금속으로 만든 목걸이와 귀고리로 아름답게 치장했습니다. 또 이때부터 옷 모양과 색깔로 관직의 높낮이를 나타냈습니다.

집은 어땠을까요? 사람들은 나무로 기둥을 세우고, 흙과 돌로 벽을 올리고, 억새나 갈대 같은 풀을 엮어 지붕에 올린 초가집에서 살았습니다. 나중에 벼농사가

삼국시대 기와

아주 먼 옛날에 사람들은 움집이나 초가집에서 살았습니다. 움집과 초가집은 지붕에 풀, 볏짚 따위를 엮어서 얹었습니다.

그러다가 위만조선과 한사군이 세워진 무렵에 중국에서 처음 기와가 전해졌습니다. 기와지붕은 어지간한 자연 조건에도 끄떡없고, 보기에도 웅장하고 아름답습니다.

신라 도깨비얼굴무늬 수막새

다만 기와지붕을 얹으려면 기와를 흙으로 빚어 구워야 하고, 기와의 무게를 지탱하도록 건물의 기초와 기둥과 대들보도 아주 튼튼하게 지어야 합니다. 그만큼 비용과 시간과 일손이 많이 들어갑니다. 따라서 왕족과 귀족, 관료 같은 지배층만이 기와집을 지을 수 있었습니다. 관청, 학교, 절, 사당 같은 국가 시설과 종교 시설도 기와집으로 지어졌습니다.

집 주인은 신분과 취향에 따라 조각이나 문양으로 기와지붕을 장식했습니다. 특히 지붕 끄트머리(처마)를 마감하는 수막새에는 갖가지 무늬를 새겨 넣었습니다. 삼국시대 수막새 무늬로는 불교를 상징하는 연꽃이 가장 많습니다. 그만큼 불교가 생활 종교로 널리 퍼졌다는 뜻입니다. 이 밖에도 나쁜 기운을 막아 주고 좋은 기운을 가져다주는 도깨비 얼굴 무늬, 동물 무늬, 덩굴 무늬, 문자 무늬도 널리 쓰였습니다.

삼국시대의 수막새 무늬는 나라마다 독특한 특징을 보여 줍니다. 고구려는 강하고 활기차고, 백제는 우아하고 화려하며, 신라는 소박하고 간결합니다. 또 통일신라 때는 당나라의 영향을 받아 화려한 꽃무늬가 많이 나타납니다.

발달하면서는 짚으로 지붕을 만들었습니다. 초가집은 대부분 방 한 칸, 창고 한 칸에 부엌이 딸려 있었습니다. 아직은 화장실이 따로 없었고, 가축도 울타리 안에 풀어놓고 기르는 수준이었습니다. 반면, 지배층은 진흙으로 기와를 구워 올린 기와집에서 지냈습니다. 지배층의 기와집은 규모가 크고, 방앗간, 푸줏간, 마구간 등이 쓰임에 따라 나뉘어 있었습니다.

한반도의 집 구조에서 빼놓을 수 없는 게 바로 온돌 문화입니다. 추위가 심한 한반도 북부 지역 사람들은 방 한쪽에 쪽구들을 놓았습니다. 사람이 잠자는 공간에 부분적으로 온돌을 깐 것입니다. 방 전체에 온돌을 까는 방식은 고려시대쯤 나타납니다. 구들을 깔면서 사람들은 연기를 직접 맡지 않으면서도 따뜻한 방에서 지낼 수 있었습니다. 나아가 부엌과 방을 또렷이 구별하고, 방에서 앉아 지내는 생활 방식이 차츰 자리를 잡게 됩니다.

가야의 성장과 한계

고구려, 백제, 신라는 각자 세력을 넓혀 가다 4세기 무렵 서로 영토를 마주하기에 이르렀습니다. 이 과정에서 대부분 세력들은 삼국의 국가 체제 안으로 흡수되었습니다. 그런데 낙동강 유역에 자리 잡은 가야는 좀 달랐습니다. 가야는 삼국과 비슷한 시기에 생겨나서 6세기 중반까지 독자적으로 활동하며 또렷한 발자취를 남겼습니다. 가야는 삼국이 벌이던 치열한 영토 전쟁의 틈바구니에서 어떻게 살아남았을까요?

《삼국유사》에는 가야의 건국 신화가 소개되어 있습니다. 가야는 초기에 왕이 따로 없고 여러 촌락으로 나뉘어 살고 있었는데, 어느 날 하늘에서 금으로 만든 상자가 붉은 보자기에 싸여 내려왔습니다. 상자에는 황금 알 여섯 개가 들어 있었는데 알에서 태어난 여섯 아이는 저마다 여섯 나라를 세우고 왕이 되었습니다. 이 가운데 가장 먼저 알에서 나온 수로는 가장 힘센 금관가야의 왕 자리에 올랐습니다.

가야의 건국 신화에도 알이 등장합니다. 그것도 여섯 개씩이나 됩니다. 왜 이렇게 많은 알이 나올까요? 가야는 변한의 열두 개 작은 나라들이 연맹체를 이루다가 점차 여섯 개의 나라가 되었습니다. 금관가야가 중심이 되어 여섯 나라를 이끌었지만, 완전히 통일을 이루어서 고대국가로는 발전하지 못했습니다. 이 때문에 건국 신화에도 여섯 개의 알이 등장해 각 나라와 왕의 권위를 나타냈던 것으로 보입니다.

가야 연맹체의 특징을 상징적으로 보여 주는 이야기가 또 하나 있습니다. 가야의 음악가 우륵은 중국의 악기를 바탕으로 줄이 12개인 악기를 새로 만들었습니다. 이 악기가 바로 가야금입니다. 우륵은 가야금으로 열두 작은 나라를 대표하는 노래를 작곡했다고 합니다. 이처럼 가야는 여러 작은 나라들이 독립적으로 세력을 떨쳤으며, 어느 한 나라가 완전히 권력을 잡지는 못했습니다.

가야는 크게 산악 지역인 북부와 평야와 바다가 펼쳐지는 남부로 나뉩니다. 북

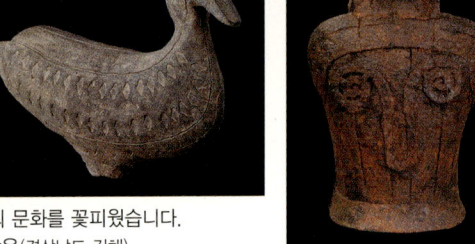

가야 유물 가야는 오랫동안 세력을 유지하며 고유의 문화를 꽃피웠습니다.
금관(경상남도 고령), 오리모양토기(경상남도 합천), 철갑옷(경상남도 김해).

부 지역에는 철광석 광산이 많았습니다. 덕분에 가야는 변한 때부터 철기 도구를 많이 생산했습니다. 남부 지역은 농사를 짓기에 적당하고 해산물도 풍성했습니다. 또 바닷길을 따라 멀리 일본과 중국까지 진출해 활발히 무역을 했습니다. 이를 통해 지배층은 제법 많은 재산을 쌓았으며 갖가지 귀금속과 장신구가 크게 유행했습니다.

가야는 신라와 백제 사이에 자리 잡고 있어서 양쪽의 힘 관계에 따라 외교 정책을 펼쳤습니다. 처음에는 백제와 손을 잡고 세력을 유지하다가, 나중에는 신라와 힘을 합쳐 백제에 맞섰습니다. 이런 외교 정책은 한동안 효과를 보았으며, 무역 활동을 북돋우기도 했습니다. 하지만 가야는 삼국과는 달리 하나의 나라로 발전하지 못했습니다. 고대국가로 발전하지 못한 가야는 결국 562년 신라에게 완전히 무너지고 말았습니다.

> 가야는 중앙집권제 국가로 탈바꿈하지 못했어.

가야 소녀 송현이

2007년에 경상남도 창녕군 송현동에서 가야시대 무덤떼 가운데 하나가 발굴되었습니다. 무덤을 열어 보니 유물은 대부분 이미 도굴되어 사라지고, 사람 뼈만 남아 있었습니다. 그런데 이상하게도 한 무덤에서 나온 것치고는 사람 뼈가 너무 많았습니다. 모두 추려 보니 무려 다섯 명의 유골이었습니다. 대체 왜 이렇게 많은 이들이 함께 묻힌 걸까요?

먼 옛날에는 사람이 죽어서도 살아 있을 때와 똑같은 모습으로 지낸다고 믿었습니다. 그래서 왕족이나 귀족이 죽으면 그 사람을 시중들던 이들을 죽여서 함께 묻었습니다. 저세상에 함께 가서 무덤 주인을 모시라는 뜻입니다. 때로는 스스로 목숨을 끊어서 주인과 함께 묻히기도 했습니다. 이처럼 죽은 사람 무덤에 살아 있는 사람을 함께 묻는 풍습을 '순장'이라고 합니다. 송현동 무덤은 바로 순장 풍습이 실제로 존재했음을 알려 주는 유적입니다.

송현동 무덤은 가야의 마지막 무렵인 6세기에 만들어진 것으로 보입니다. 순장된 네 명은 입구에 나란히 놓여 있고, 주인 시신은 안쪽에 따로 떨어져 있었습니다. 순장된 이들은

송현동 무덤 발굴 모습 그림(부분)

남자 두 명, 여자 두 명인데 모두 10~20대 청소년들이었습니다. 뼈를 분석해 보니 네 명 모두 신체 상태가 좋고 이 가운데 금동 귀고리를 차고 있는 이도 있었던 것으로 보아 이들이 아주 낮은 신분은 아니었던 듯합니다.

국립가야문화재연구소에서는 순장자들 가운데 가장 상태가 좋은 뼈로 뼈 주인의 살아생전 모습을 되살렸습니다. 현대의 과학 기술로 되살린 모습을 모형을 통해 한번 살펴볼까요? 이 열여섯 살 여성은 키가 152센티미터쯤 되고, 턱뼈가 넓어서 얼굴이 둥그렇게 생겼습니다. 이 여성에게는 무덤이 발견된 지명을 따서 '송현이'라는 이름이 붙여졌습니다.

송현이는 고된 일을 많이 한 듯 정강이뼈가 도드라져 있고, 평소 무릎을 꿇고 지낸 듯 종아리뼈 표면이 살짝 파여 있습니다. 또 앞니가 많이 닳아 있는데, 아마도 바느질이나 실 잣는 일을 했기 때문일 것입니다. 여러 정보를 모아 보면, 송현이는 무덤 주인을 가까이에서 모시는 시녀였을 것입니다. 가야의 지도자였던 주인이 죽자 송현이도 함께 무덤에 묻힌 것으로 보입니다.

'송현이' 복원 모형

순장은 가야뿐만 아니라 전 세계에 걸쳐 널리 전해져 오던 풍습입니다. 오늘날 눈으로 보자면 상상하기 힘든 끔찍한 일입니다. 하지만 죽음에 대한 생각이 달랐던 때에 인류가 거쳐야 했던 과정일지도 모릅니다. 다행히 순장은 고대사회에서 빠르게 자취를 감추었습니다. 그 대신 다른 동물을 제물로 바치거나, 사람 모양 인형을 같이 묻는 풍습이 생겨나기도 했습니다.

유물로 보는 역사

사신도

강서대묘 사신도 중 청룡

백호

주작

현무

    고대국가에서는 왕족이나 귀족이 죽으면 최대한 크고 화려하게 무덤을 만들고, 죽은 이가 살아생전에 쓰던 물건이나 값나가는 귀중품을 함께 묻었습니다. 이 때문에 고대 지배층의 무덤은 당시 사회를 엿볼 수 있는 보물창고나 다름없습니다. 특히 삼국시대에는 나라마다 시기 별로 다양한 무덤 양식이 나타납니다.

고구려는 초기에 시신을 땅에 눕히고 주변에 돌을 쌓아 올린 돌무지무덤(적석총)을 만들었습니다. 그러다가 3~4세기부터는 평평하고 넓은 돌로 입구와 방을 만들고 그 안에 관을 놓아두는 굴식돌방무덤(횡혈식석분)을 만들었습니다. 고구려 사람들은 굴식돌방무덤의 벽과 천정에 벽화를 그려 넣었습니다. 벽화에는 주로 무덤 주인의 살아생전 모습과 그 시대의 갖가지 생활상이 담겨 있습니다. 또 저세상에서 편하게 지내기를 바라는 마음을 담은 종교적인 그림도 자주 등장합니다.

고구려 무덤 벽화 가운데 강서대묘 사신도는 웅장하고 아름답기로 이름이 높습니다. 강서대묘는 평안남도 강서에 있는 고구려 옛 무덤입니다. 6~7세기에 만들어진 것으로 보이는 이 무덤은 지름 51.6미터, 높이 8.86미터에 이릅니다. 강서대묘 돌방의 동쪽 벽에는 뱀 비늘에 뿔이 달린 파란 용(청룡), 서쪽 벽에는 날개 달린 하얀 호랑이(백호), 남쪽 벽에는 공작새를 본뜬 빨간 봉황(주작), 북쪽 벽에는 검은 거북이(현무)가 각각 그려져 있습니다. 강서대묘의 돌방 벽에는 왜 상상 속 동물이 그려져 있을까요?

청룡, 백호, 주작, 현무는 도교·음양오행 사상과 관련이 깊은 상상 속 동물입니다. 도교는 사람이 몸과 마음을 깨끗이 하고 욕심 없이 자연에 기대어 살면 신선이 되어 영원히 살 수 있다고 가르쳤습니다. 또 음양오행은 사람이 작은 우주이며 별들의 움직임에 따라 사람의 기운과 운명이 결정된다는 생각입니다. 도교와 음양오행 사상에서는 동서남북에서 우주(자연)의 질서를 지키는 네 신을 상상 속 동물로 나타냈습니다. 바로 청룡, 백호, 주작, 현무입니다. 그러니까 당시 사람들은 네 동물신이 무덤 주인을 보호해 줄 거라는 믿음을 벽화에 담은 것입니다.

굴식돌방무덤은 백제와 신라에도 차례로 전해졌습니다. 백제와 신라 일부 무덤에도 벽화가 그려져 있어, 삼국시대의 사회와 문화를 엿볼 수 있게 해 줍니다.

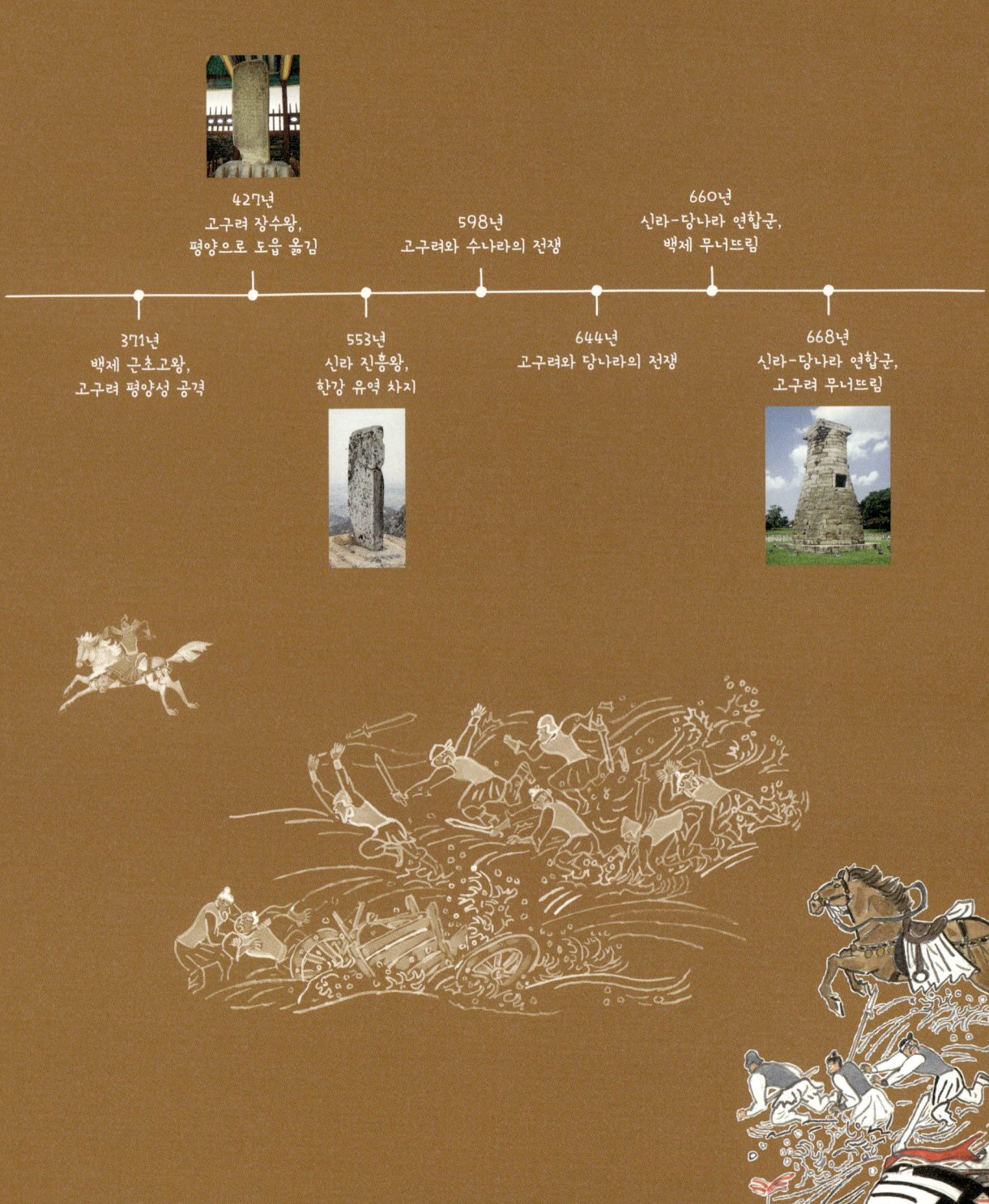

371년
백제 근초고왕,
고구려 평양성 공격

427년
고구려 장수왕,
평양으로 도읍 옮김

553년
신라 진흥왕,
한강 유역 차지

598년
고구려와 수나라의 전쟁

644년
고구려와 당나라의 전쟁

660년
신라-당나라 연합군,
백제 무너뜨림

668년
신라-당나라 연합군,
고구려 무너뜨림

삼국의 전쟁과 통일

고구려, 백제, 신라는 저마다 국가 체제를 정비하고 영토를 넓혀 갔습니다. 4세기 들어 삼국은 드디어 국경과 국경을 맞댔습니다. 삼국은 더 많은 영토를 차지하기 위해 끊임없이 싸움을 벌였습니다. 그중에서도 한반도의 중심 지역인 한강 유역을 둘러싼 전쟁은 아주 치열했습니다. 하지만 세 나라가 맞선 상태에서는 어느 한 나라가 쉽사리 주도권을 쥐지 못했습니다. 고구려가 남쪽으로 영토를 넓히자 백제와 신라가 힘을 모아서 막았고, 백제가 신라를 공격하자 고구려가 군대를 보내 신라를 도왔습니다. 삼국의 대립과 연합은 과연 어떤 결과를 가져왔을까요?

백제, 한강 유역을 다스리다

고구려와 백제, 신라가 처음 등장할 무렵에 중국에서는 한나라가 조금씩 무너지고 있었습니다. 밖으로는 흉노를 비롯한 북방 민족의 침입이 이어졌고, 안으로는 권력을 둘러싼 싸움이 끊이지 않았습니다. 결국 한나라는 3세기 초에 무너지고 중국은 혼란에 빠졌습니다. 위·촉·오 세 나라가 경쟁하던 삼국시대를 거쳐 서진이 중국을 통일하는 듯했지만 곧바로 지방을 다스리던 여덟 왕(귀족)들이 반란을 일으켰습니다. 이런 상황에서 흉노·선비 같은 북방 민족이 서진을 공격했습니다. 서진은 곧 멸망했으며, 남은 세력은 강남(양자강 남쪽) 지역으로 내려가 동진을 세웠습니다. 중국 북부에는 북방 민족과 여러 세력이 세운 16여 개 나라가 생겨났습니다. 이 시기를 '5호16국시대'라고 합니다.

중국의 혼란을 틈타 고구려 미천왕은 고구려 남서쪽에 있던 낙랑군과 대방군을 쫓아내고, 북방으로도 영토를 넓혀 갔습니다. 하지만 미천왕의 뒤를 이은 고국원왕 때 고구려는 큰 위기를 맞았습니다. 마침 선비족이 세운 나라 전연과 요령 지역에서 맞닥뜨린 것입니다. 영토를 넓혀 가던 두 세력은 곧장 전쟁을 벌였습니다. 한창 세력을 넓히던 전연은 뛰어난 전략으로 고구려의 도읍 국내성까지 침입해서 5만여 명을 포로로 끌고 갔습니다. 심지어 미천왕의 무덤을 파헤치고, 고국원왕의 어머니와 아내까지 잡아 갔습니다. 결국 고구려는 전연을 황제의 나라로 받들어야 했습니다. 고구려는 전연과의 싸움에서 패배하며 남쪽으로 눈길을 돌렸습니다.

이즈음 한강 유역을 다스리던 백제에서는 왕위를 둘러싼 오랜 혼란이 끝나고 근초고왕이 등장합니다. 근초고왕은 뛰어난 정치력으로 귀족 세력을 억누르고 왕권을 강화했습니다. 또 영산강 유역에 남아 있던 마한 세력을 통합하고, 낙동강 서쪽의 가야 일부까지 영토를 넓혔습니다. 한반도 중남부의 서쪽 지역을 대부

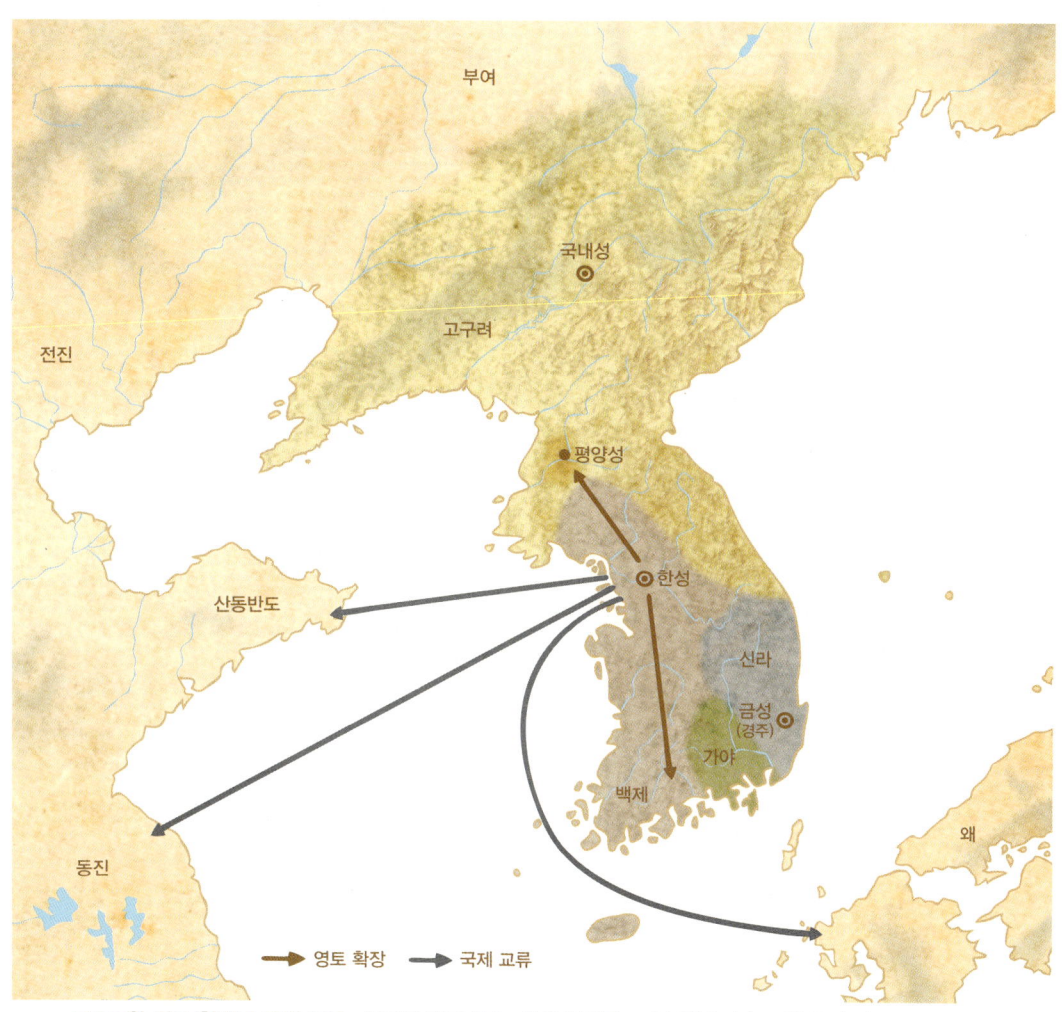

근초고왕 영토 확장과 국제 교류 4세기에 백제 근초고왕은 영토를 크게 넓혔습니다. 또한 동진, 왜를 비롯한 주변 나라와 활발하게 교류했습니다.

분 차지한 근초고왕은 북쪽으로 영토를 넓히고자 했습니다. 마침 고구려의 고국원왕이 남쪽 한강 유역에 관심을 쏟던 때였습니다. 드디어 고구려와 백제 사이에 본격적인 영토 전쟁이 시작된 것입니다.

369년에 고국원왕은 2만 군사를 보내 백제를 공격하게 했습니다. 그러자 근초고왕은 아들 근구수 태자에게 군대를 주어 맞서게 했습니다. 백제군은 재빠르게 고구려군을 기습해서 크게 물리쳤습니다. 고구려는 371년에 다시 군대를 일으켰지만 또다시 백제군에게 쫓겨나고 말았습니다. 그해 겨울에는 근초고왕이 3만 군대를 이끌고 고구려의 평양성을 공격했습니다. 백제군은 힘을 잃은 고구려군을 몰아붙였습니다. 이 싸움에서 고국원왕은 목숨을 잃었고, 백제는 지금의 황해도 지역까지 영토를 넓혔습니다.

근초고왕은 고구려와 다시 전쟁이 일어날 것에 대비해 신라와 손을 잡았습니다. 나아가 중국의 동진, 일본과 외교 관계를 맺고 문화를 교류했습니다. 중국 동진은 양자강(양쯔강, 장강) 남쪽에 자리 잡은 나라였습니다. 동진이 들어서기 전까지 양자강 남쪽은 큰 도시도 없고 땅도 대부분 황무지로 버려져 있었습니다. 동진은 황하강 북쪽의 문물을 적극 받아들여서 빠르게 발전해 갔고, 중국 경제와 문화의 새로운 중심으로 떠올랐습니다. 백제는 동진으로부터 새로운 문물을 받아들였습니다. 이 때문에 백제의 국가 제도·학문·종교·예술 등은 동진과 많이 닮았습니다.

이 시기에 왜에서는 야마토 정권이 여러 부족을 물리치고 최초로 통일 국가를 이루고 있었습니다. 마침 근초고왕은 왕인과 아직기를 보내 한자·유교·농업 기술 등 갖가지 문물을 소개했습니다. 야마토 정권은 왕인과 아직기를 태자의 스승으로 모실 정도로 백

백제관음상
일본 나라현 호류지에 있는 불상(관음보살상)입니다. 나무로 만든 높이 2.8미터의 이 불상은 6~7세기에 백제에서 만들어 보냈거나, 일본으로 건너간 백제 사람이 만든 것으로 보입니다. 어쨌거나 백제의 조각 솜씨로 만든 작품이 분명하여 '백제관음상'이라는 이름이 붙여졌습니다.

칠지도
일본 나라현 이소노카미신궁에는 길이가 74.9센티미터에 달하는 일곱 개 가지 모양으로 만들어진 칼, 칠지도가 보관되어 있습니다. 칠지도 앞뒤 표면에는 60여 개 한자가 새겨져 있는데, 녹이 슬어 사라진 부분이 많고 해석도 갖가지입니다. 일반적으로 3세기 말 또는 4세기 초에 백제 왕세자가 왜나라 왕에게 내려보낸 선물(하사품)로 보고 있습니다.

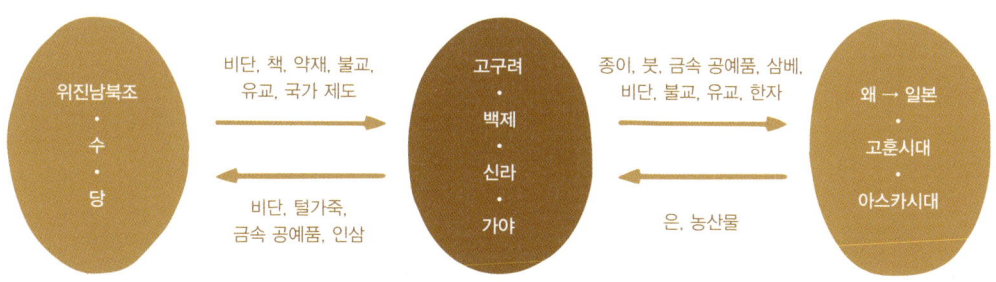

삼국시대 동아시아 교류 삼국은 중국으로부터 갖가지 문물과 국가 제도, 불교, 유교 등을 받아들였으며, 이것들을 다시 왜에 전해 주었습니다. 이처럼 동아시아의 여러 나라들은 서로 활발하게 문화를 교류하며, 저마다 빼어난 문명을 이루었습니다.

제 문물을 적극적으로 받아들였습니다. 그 뒤로도 백제는 야마토 정권에 불교를 소개하고, 야마토 정권은 백제가 위기에 빠졌을 때 지원군을 보내는 등 두 나라는 오랫동안 친밀한 외교 관계를 유지해 갔습니다. 이를 바탕으로 야마토 정권은 강력한 중앙집권제 국가를 이루었으며, 그 후손들은 대대로 일본 국왕(천황)으로 자리매김했습니다.

이처럼 근초고왕 시기의 백제는 중국-한반도-일본을 잇는 무역과 문화의 중심지였습니다. 이 밖에 근초고왕은 역사책 《서기》를 펴내고, 지방 제도를 정비해서 관리를 보내 다스리고, 왕위를 아들에게 물려주는 제도를 마련했습니다.

고구려와 백제가 충돌하는 동안 신라에도 변화가 있었습니다. 3세기 후반 내물왕은 진한 지역을 대부분 차지하고 지방 제도와 관료 제도를 정비했습니다. 또 고구려, 전진(5호16국 중 하나)과도 외교 관계를 맺으며 국제적인 활동 무대를 넓혔습니다. 박씨·석씨·김씨가 돌아가면서 맡던 지도자 자리를 이때부터 김씨가 대대로 이어받았습니다. 신라는 이처럼 고대국가로서 기틀을 마련했지만, 아직 고구려와 백제에 비해 힘이 약했습니다. 신라는 때로는 고구려 편을 들고, 때로는 백제 편을 들면서 균형을 맞추어 갔습니다.

백제의 성장

백제는 초기에 한강 유역을 도읍으로 삼았습니다. 한강은 서해와 잇닿아 있어서 해상 무역을 하기에 이로운 데다 한강 유역에는 너른 평야가 펼쳐져 있었습니다. 이를 발판으로 백제는 빠르게 강력한 고대국가로 성장했습니다. 한강 유역의 중요성을 깨달은 삼국은 이곳을 차지하기 위해 치열한 싸움을 벌였습니다.

고구려의 전성기

고구려에서는 고국원왕의 뒤를 이어 소수림왕이 왕위에 올랐습니다. 그때 고구려는 전연, 백제와 벌인 잇단 싸움에서 패배해 크게 상처를 입은 상태였습니다. 소수림왕은 다시 백성들을 한데 모으고 나라의 힘을 키우고자 했습니다. 먼저 전진·동진과 외교 관계를 맺어 전쟁을 멈추고 평화를 유지했습니다. 나아가 중국의 문화와 제도를 적극 받아들였습니다. 교육 기관인 태학을 세워 유교 경전과 무예를 가르치고, 법을 다듬고, 관료 제도를 정비했습니다. 또 전진에서 불교를 받아들여 널리 퍼트렸습니다. 불교는 전쟁으로 지친 백성들에게 큰 위안을 주었습니다. 소수림왕의 개혁 정치를 통해 고구려는 빠르게 힘을 되찾았습니다.

391년 왕위에 오른 광개토대왕은 곧바로 4만 군대를 이끌고 백제를 공격했습니다. 백제의 성 10여 개가 순식간에 고구려군의 발 아래 놓였습니다. 광개토대왕은 잠시 북방의 거란족과 싸움을 벌인 다음 다시 남쪽으로 말 머리를 돌렸습니다. 고구려군은 거침없이 내달려 한강 유역 백제의 도읍에 다다랐습니다. 백제 아신왕은 광개토대왕의 거센 공격에 항복할 수밖에 없었습니다.

고구려군이 물러간 뒤 이번에는 백제가 복수에 나섰습니다. 백제는 가야, 왜와 함께 먼저 신라로 쳐들어갔습니다. 고구려와 전쟁을 하기 전에 신라를 손아귀에 넣어서 힘을 키우려 한 것입니다. 다급해진 신라는 고구려에 군대를 보내 달라고 부탁했습니다. 그러자 광개토대왕은 곧장 신라로 군대를 내려 보냈습니다. 백제 연합군은 고구려군에 크게 패배하고 쫓겨났습니다. 고구려군은 백제 연합군을 몰아낸 뒤로도 신라에 남았습니다. 신라는 한동안 고구려의 간섭을 받아야 했습니다.

백제와 신라를 잠재운 광개토대왕은 본격적으로 북방 지역으로 나아갔습니다.

불교의 탄생과 전파

불교는 기원전 6세기에 인도에서 처음 생겨났습니다. 지금의 인도와 네팔 국경 부근에서 샤키아 부족의 왕자로 태어난 싯다르타(석가모니)는 오랜 수행과 명상을 통해 큰 깨달음을 얻었습니다.

석가모니는 모든 생명이 탄생과 죽음을 끝없이 되풀이한다(윤회)고 말했습니다. 이때 과거의 삶이 쌓여 현재의 삶을 이루고, 현재의 삶은 미래의 삶에 영향을 끼칩니다(인과). 따라서 현재의 '나'는 자비를 베풀고 바르게 살아야 이다음에 좀 더 나은 '나'로 태어나게 됩니다. 그럼에도 인간은 결국 삶과 죽음의 굴레를 벗어날 수 없습니다. 이 윤회에서 벗어나려면 모든 관계와 희로애락을 떨치고 스스로 수행해서 깨달음(해탈)에 이르러야 합니다. 깨달음을 얻으면 몸과 마음이 자유로워지고 윤회에서 벗어나 부처가 될 수 있습니다.

불교는 스리랑카, 미얀마, 태국 등 동남아시아를 비롯해 티베트, 네팔을 거쳐 중국, 한반도, 일본까지 전해졌습니다. 한반도에는 삼국시대에 불교가 전파되었습니다. 고구려에는 372년(소수림왕 2)에 중국 전진의 승려 순도가, 백제에는 384년(침류왕 1)에 동진을 거쳐 들어온 인도 승려 마라난타가 불교를 전해 주었습니다. 신라에도 비슷한 시기에 불교가 소개되었지만 토착 신앙에 뿌리를 둔 귀족 세력의 반대로 한동안 주춤하다가 527년에 법흥왕이 국가 종교로 받아들이면서 비로소 널리 퍼졌습니다.

삼국의 왕들은 불교를 적극 받아들이고 널리 알렸습니다. 그러면서 부처의 권위를 빌려 자신을 절대 권력자의 위치에 올려놓았습니다. 심지어는 왕실 사람들이 석가모니의 가족인 것처럼 꾸미기도 했습니다. 이를 통해 다른 귀족들과 분명하게 차이를 두려 한 것입니다. 또한 불교는 백성들에게 살생과 폭력을 금지하고 자비를 베풀도록 가르쳤습니다. 백성들이 불교의 가르침을 따르자 왕은 나라를 평화롭게 다스리기 한결 수월해졌습니다. 이후 불교는 삼국의 정치와 문화에 큰 영향을 끼쳤습니다.

고구려는 북방 민족과 오랜 싸움을 겪으며 뛰어난 전쟁 기술을 익혔습니다. 특히 온몸에 갑옷을 두른 고구려 기마병은 폭풍이 휘몰아치듯 상대편 진영에 뛰어들어 말을 탄 채로 활을 쏘고 창을 휘둘렀습니다. 상대편 병사들에게는 그야말로 공포의 대상이었습니다. 여기에 광개토대왕의 뛰어난 지도력이 더해지면서 고구려군은 승리를 거듭하며 거침없이 영토를 넓혀 갔습니다. 광개토대왕은 서쪽의 후연, 북쪽의 거란, 동쪽의 동부여를 차례로 물리쳤습니다. '광개토대왕'이라는 이름에는 정복 활동으로 넓은 영토를 차지한 왕이라는 뜻이 담겨 있습니다.

영토를 크게 확장해 국력을 키운 광개토대왕이 죽자 아들 장수왕이 뒤를 이었

고구려 기마 무사 고구려 기마 부대는 말과 사람 모두 온몸을 갑옷으로 무장한 채로 전쟁터를 누볐습니다. 중국 길림성 동구 12호 무덤.

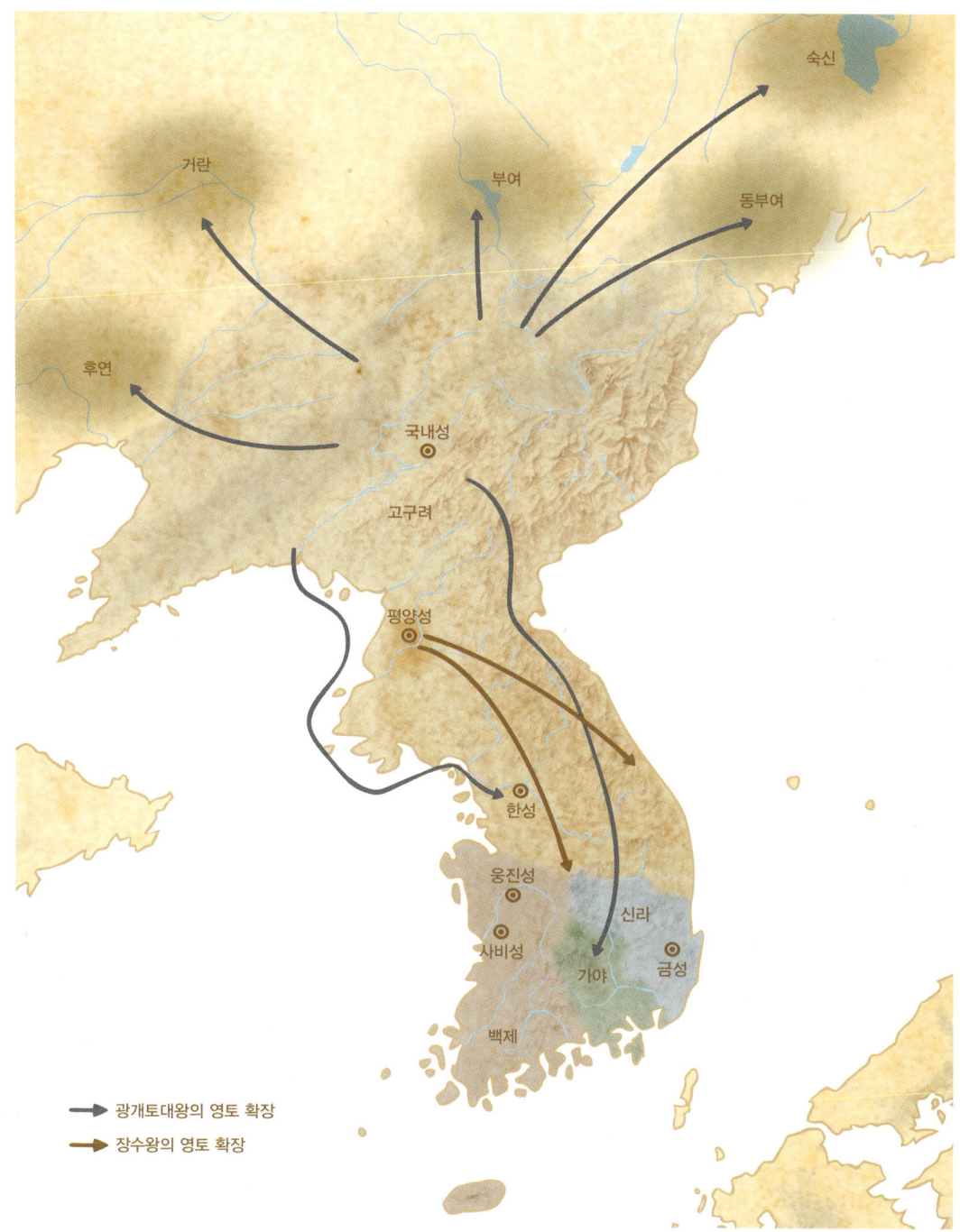

광개토대왕과 장수왕의 영토 확장 4세기 말부터 5세기까지 고구려의 광개토대왕과 장수왕은 한반도 북방과 남방으로 영토를 확장하고 국가 제도를 정비했습니다. 고구려는 동아시아에서 강력한 고대국가로 거듭났습니다.

125

광개토대왕릉비

장수왕은 아버지 광개토대왕의 업적을 기리기 위해 도읍인 국내성 동쪽에 무덤을 만들고 그 옆에 비를 세웠습니다. 이 광개토대왕릉비는 오랜 역사의 소용돌이에서도 온전히 제 모습을 유지하며 남아 있습니다. 광개토대왕릉비는 높이 6.39미터, 무게 37톤에 이릅니다. 겉모양을 다듬지 않은 돌은 마치 넓고 거친 땅을 내달리던 고구려인의 기상을 보여 주는 듯합니다.

광개토대왕릉비에는 건국 신화를 비롯하여 고구려의 앞선 역사, 광개토대왕의 업적, 왕릉을 지키는 규정 등이 한자로 새겨져 있습니다. 비문은 당시 고구려와 여러 북방 민족, 백제, 신라, 왜를 둘러싼 동아시아 역사를 이해하는 데 결정적인 도움을 주었습니다.

광개토대왕릉비 광개토대왕릉비는 고구려가 멸망한 뒤 오랫동안 버려져 있다가 1880년대에 발견되었습니다. 최근에는 중국 정부가 비각을 만들어 보존하고 있습니다. 1913년 사진. 중국 지안(집안).

일제강점기 때 일본 역사학자들은 광개토대왕비 비문 가운데 몇 군데를 자기 나라에 유리하게 풀이해서 왜가 바다를 건너와 백제·신라·가야를 신하 나라로 삼았다고 주장했습니다. 한반도가 고대부터 일본의 지배를 받았기 때문에 일제가 식민지로 삼은 것도 문제가 없다는 논리였습니다. 하지만 이 주장은 설득력이 크게 떨어집니다. 비문의 조작 가능성이 큰 데다 비문을 지은 고구려의 입장에서 해석하지 않고 일본의 입장에서 해석했기 때문입니다.

습니다. 장수왕은 광개토대왕이 넓혀 놓은 영토를 안정적으로 다스리는 데 힘을 쏟았습니다. 장수왕은 먼저 중국을 비롯한 여러 북방 세력들과 외교 관계를 맺었습니다. 전쟁보다는 외교와 무역으로 나라의 힘을 키운 것입니다.

또 427년에 도읍을 국내성에서 평양성으로 옮겼습니다. 도읍을 새로 세우려면 많은 시간과 비용과 노동력이 필요하고 많은 백성들이 새 도읍으로 터전을 옮겨야 합니다. 그러니 고대국가에서 전쟁 상황이 아닌데도 도읍을 옮기는 경우는 아주 드뭅니다. 그런데도 장수왕은 왜 평양으로 도읍지를 옮겼을까요?

충주고구려비 고구려 장수왕이 5세기 중반에 한강 남쪽까지 영토를 넓힌 뒤, 이를 기념하기 위해 세운 비입니다. 지금은 충청북도 충주시 충주고구려비전시관에 전시되어 있습니다.

그때 국내성에서는 오랫동안 힘을 길러 온 귀족 세력이 권력을 움켜쥐고 있었습니다. 초기 고대국가에서는 아무리 왕이라도 귀족 세력을 무시할 수 없었습니다. 귀족 세력은 자신들의 이해관계를 따지며 왕을 사사건건 견제했습니다. 장수왕은 왕권을 위협하던 국내성의 귀족 세력과 거리를 두려 한 것입니다. 또 국내성 주변은 날씨가 춥고 땅이 거칠었습니다. 그보다는 너른 평야가 펼쳐지고 넉넉한 물길이 흐르는 평양이 나라를 안정적으로 다스리는 데 적당했습니다. 장수왕이 도읍을 평양으로 옮기면서 백제와 신라는 고구려로부터 더 큰 압박을 받게 되었습니다.

평양으로 도읍을 옮긴 장수왕은 한동안 국가 체제를 정비했습니다. 이 시기 고구려는 정치·문화·경제 모두에서 크게 발전합니다. 그런 다음 장수왕은 군대를 일으켜 백제의 도읍 한성으로 쳐들어갔습니다.

백제 개로왕은 왕의 권위를 높이기 위해 귀족 세력을 억누르고 백성들을 동원해 새로운 궁궐을 지었습니다. 개로왕의 무자비한 정치에 귀족과 백성들은 등을 돌렸습니다. 그러다 보니 고구려군이 쳐들어오는데도 누구도 나서서 싸우지 않았습니다. 전쟁의 결과는 불 보듯 뻔했습니다. 고구려군은 개로왕의 목숨을 빼앗고, 한강 유역을 차지했습니다.

신라, 한반도의 새로운 주인공

6세기 들어 삼국은 저마다 새로운 변화를 맞았습니다. 먼저 고구려는 광개토대왕과 장수왕의 빛나던 시대가 끝나고 조금씩 기울어 가고 있었습니다. 그러다 안원왕에 이르러서는 심각한 혼란에 빠집니다. 국내성에서 힘을 키운 귀족들이 들고 일어나 왕에게 도전한 것입니다. 여기에다 북방 지역에서는 유목 민족 돌궐이 새롭게 등장했습니다. 돌궐은 힘이 점차 강해져 고구려를 위협할 정도가 되었고 실제로 고구려 국경을 넘어와 백성들의 목숨과 재산을 빼앗기도 하였습니다.

고구려에 쫓겨 남쪽으로 내려간 백제는 웅진에 새 도읍을 정했습니다. 고구려에 패배한 상처는 크고 깊었습니다. 왕권은 땅에 떨어지고 귀족들은 서로 권력 다툼을 벌였습니다. 한동안 이어지던 혼란은 동성왕 때부터 조금씩 진정되었습니다. 동성왕은 귀족들을 잘 다독이고, 신라 귀족의 딸과 혼인을 맺어 고구려의 침략에 대비했습니다.

뒤를 이은 무령왕은 관료 제도를 정비해서 귀족 세력의 힘을 억눌렀습니다. 또 저수지와 수로 시설을 만들어 농사를 돕고, 가뭄이 들자 백성들에게 식량을 나누어 주었습니다. 나라를 안정시킨 무령왕은 여러 성을 쌓고, 중국 강남(양자강 남쪽) 지역의 남조와 외교 관계를 맺으며 고구려와의 전쟁을 준비했습니다.

무령왕의 뒤를 이은 성왕은 웅진의 귀족 세력과 거리를 두기 위해 사비(부여)로 수도를 옮겼습니다. 성왕은 왕실의 여러 업무와 군사·재정·교육·외교 같은 일을 하는 중앙 관청을 22부로 나누었습니다. 또 지방 5부는 관리를 내려보내 다스리게 했습니다. 국가 체제를 정비하면서 성왕은 예전 백제의 힘을 어느 정도 되찾을 수 있었습니다.

이처럼 고구려는 나라 안팎으로 위기를 맞고, 백제는 전쟁으로 무너진 나라를 일으켜 세우느라 바빴습니다. 이 틈에 신라가 한껏 힘을 키웠습니다. 지증왕은 소를 이용해 농사짓는 법을 널리 퍼트려 생산성을 크게 높였습니다. 또 우산국(울릉도)을 영토에 넣고, 지방을 주·군·현으로 나누어 다스렸습니다. 나라 이름을 '신라'로 정하고, 지도자를 '왕'으로 부르기 시작한 것도 이때부터입니다.

뒤이어 법흥왕은 군사권을 장악하고, 법과 관료 제도를 새롭게 다듬었습니다. 이로써 왕은 귀족보다 한 단계 높은 권위를 지니게 되었습니다. 나아가 가야의 지배층과 결혼 관계를 맺으며 가야를 끌어안았습니다.

궁남지 백제 사비 시대에 도읍 남쪽에 연못을 파고 그 가운데에 섬을 만들어 지은 궁궐입니다. 왕과 귀족이 잔치를 벌이거나 쉬어 가던 별궁으로 보입니다. 충청남도 부여군.

 법흥왕의 뒤를 이은 진흥왕은 본격적으로 영토 전쟁에 나섰습니다. 진흥왕은 먼저 백제의 성왕과 손잡고 고구려를 공격했습니다. 고구려군은 힘없이 무너지고 도망치기 바빴습니다. 신라와 백제군은 한강 유역과 함경도 지역까지 치고 올라갔습니다. 마침내 고구려는 패배를 인정하고 신라에게 화평을 제안했습니다. 고구려와 전쟁을 끝내자 신라군은 곧바로 공격 상대를 백제군으로 바꿨습니다. 그러고는 오랫동안 탐내던 한강 남쪽의 백제 땅을 빼앗았습니다.

 백제 성왕은 신라의 배신에 크게 분노했습니다. 성왕은 귀족들의 반대를 무릅쓰고 급하게 군대를 꾸려 신라를 공격했지만 관산성(충청북도 옥천)에서 신라군의 습격을 받았습니다. 백제군은 크게 패배했고, 성왕은 목숨을 잃었습니다. 성왕의 죽음으로 백제는 다시 한 번 크게 휘청거렸습니다. 왕권은 바닥에 떨어지고 귀족들이 대신 나라를 다스렸습니다.

이제 신라는 한강 유역과 함경도 지역까지 영토를 넓혔습니다. 기세가 오른 신라는 곧바로 가야를 무너뜨리고 낙동강 유역까지 차지했습니다. 이로써 신라는 삼국 가운데 가장 강력한 힘을 지닌 나라가 되었습니다. 전쟁의 소용돌이가 어느 정도 잦아들자 진흥왕은 새롭게 영토가 된 지역을 돌아다니며 백성들을 안정시켰습니다. 또 신라 역사를 기록한 《국사》를 펴내고, 젊은이들의 교육과 군사훈련에 힘썼습니다.

특히 불교는 신라를 하나로 묶는 데 큰 역할을 했습니다. 신라는 삼국 가운데 가장 늦게 불교를 받아들였지만 아주 적극적으로 정치와 결합시켰습니다. 신라 곳곳에 수많은 절을 세우고 왕 이름도 불교 식으로 지었습니다. 또 많은 승려들을 중국으로 보내 불교를 익히고 불교 경전을 가져 오게 했습니다. 이 시기에 중국 수나라에는 대승 불교가 널리 퍼져 있었습니다. 대승 불교는 한 사람의 깨달음보다 모든 사람(중생)에게 부처님의 가르침을 퍼트리는 게 더 중요하다고 여겼습니다. 이에 따라 불교의 가르침은 글자를 모르

북한산 순수비 진흥왕이 영토를 넓힌 뒤에 세운 순수비입니다. 서울 북한산, 함경남도 황초령과 마운령, 경상남도 창녕 등에 비석이 남아 있어 당시 신라의 영토를 가늠할 수 있습니다. 북한산 순수비는 국립중앙박물관에서 보존 중이며, 옛터에는 복제품이 세워져 있습니다.

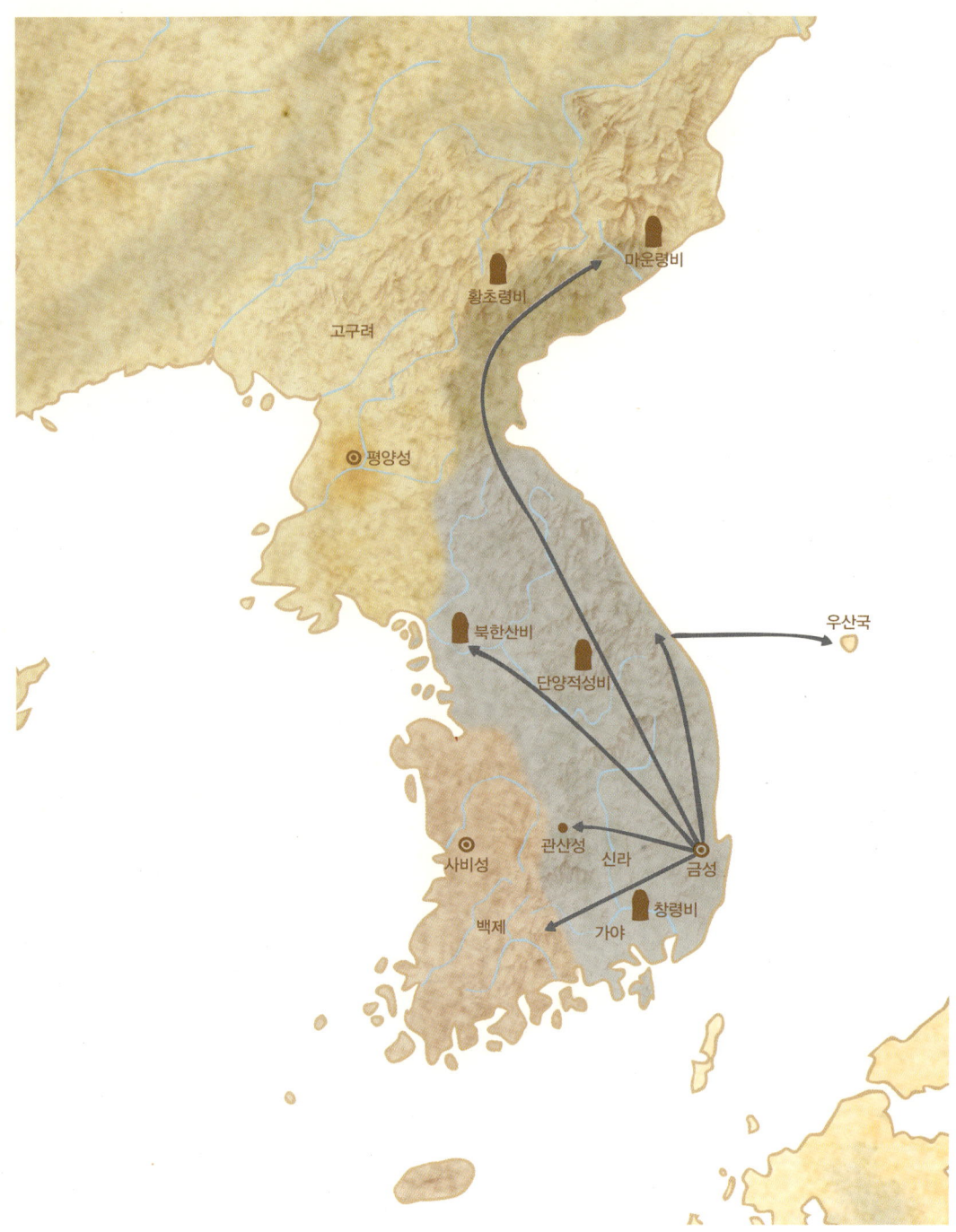

진흥왕의 영토 확장 6세기에 신라의 진흥왕은 한강 유역과 함경도 지역까지 영토를 넓혔습니다. 이를 통해 신라는 생산물을 크게 늘리고, 중국의 수나라·당나라와 직접 교류할 수 있게 되었습니다.

는 백성도 이해할 수 있게 쉽고 친근해졌습니다. 나아가 현실에서 고통 받는 백성들을 구해야 한다고 믿는 까닭에 승려들은 정치에도 참여하고 전쟁에도 뛰어들었습니다. 신라는 이런 대승 불교를 받아들이면서 한 단계 더 성숙한 국가로 발전했습니다. 신라는 부처님 나라가 되었고, 왕이 펼치는 정치는 부처님 가르침과 다르지 않았습니다. 그야말로 정치와 종교가 하나로 합쳐져 강력한 힘을 떨치게 된 것입니다. 이는 훗날 신라가 삼국을 통일하는 데 큰 바탕이 되었습니다.

황룡사 9층목탑(상상 모형) 선덕여왕 때 황룡사에 세운 탑입니다. 높이 60~80미터, 바닥 면적 490평방미터에 이르는 이 거대한 목탑 건물은 황룡사와 함께 몽골군에 파괴되었습니다.

황룡사지 유적 황룡사는 진흥왕 때 짓기 시작해서 수십 년에 걸쳐 완성된 신라의 대표 사찰입니다. 고려시대에 몽골군이 모두 파괴해서 지금은 2만여 평 빈터에 주춧돌 같은 몇몇 흔적만 남아 있습니다.

이차돈 순교 설화

신라는 한동안 불교를 멀리하다가 6세기 법흥왕 때 와서야 비로소 국가 종교로 받아들입니다. 《삼국사기》와 《삼국유사》에는 이와 관련된 흥미로운 이야기가 기록되어 있습니다.

법흥왕이 불교를 받아들이려 하자 귀족들이 크게 반대했습니다. 그때 신하 이차돈이 나서서 법흥왕 뜻에 따르자고 주장했습니다. 그러고는 부처가 있다면 기적이 일어날 거라며, 귀족들이 보는 앞에서 자기 목을 베게 했습니다. 법흥왕이 이차돈의 목을 베게 하자, 정말로 흰 피가 하늘로 솟구쳤습니다. 이를 지켜보던 사람들은 모두 부처의 힘을 믿을 수밖에 없었고, 이때부터 불교는 신라의 국가 종교가 되었습니다.

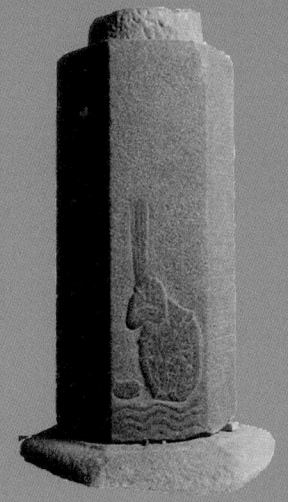
이차돈 순교비

이차돈의 목에서 정말 하얀 피가 나왔을 리 없습니다. 이차돈 순교 설화는 아마도 법흥왕이나 훗날 사람들이 꾸며 낸 이야기일 것입니다. 그만큼 불교에 대한 반대가 심했다는 뜻입니다. 왜 신라 귀족들은 불교를 반대했을까요? 또 법흥왕은 왜 귀족의 반대를 무릅쓰고 불교를 국가 종교로 받아들이려 했을까요?

신라 귀족들은 성씨마다 첫 조상(시조)의 탄생 신화를 따로 두고 있을 만큼 독립적인 세력을 유지했습니다. 이래서는 왕을 중심으로 힘을 모으지 못하고, 제대로 된 고대국가를 이루지도 못합니다. 그래서 법흥왕은 불교로 종교를 통일해서 백성들 마음을 하나로 모으고, 귀족을 억누르려 했습니다. 이렇다 보니 법흥왕과 귀족은 불교를 둘러싸고 날 선 싸움을 벌인 것입니다. 이 싸움은 결국 이차돈의 죽음을 앞세운 법흥왕의 승리로 끝났습니다. 그 뒤로 불교는 신라 백성들 사이에 빠르게 퍼져 나갔으며, 훗날 삼국을 통일하는 바탕이 되었습니다.

고구려와 수나라의 전쟁

고구려는 남쪽으로는 신라, 북쪽으로는 돌궐의 공격을 받았으며, 나라 안에서는 권력 다툼이 이어졌습니다. 여기에다 엎친 데 덮친 격으로 더 큰 폭풍이 밀려들고 있었습니다. 581년 수나라를 세운 문제는 589년에 300여 년간 혼란에 빠져 있던 중국을 통일했습니다. 수나라 문제는 행정 제도와 군대를 정비하고, 과거 시험을 통해 관료를 뽑고, 귀족의 토지를 빼앗아 백성에게 나누어 주고, 왕족이라도 사치를 일삼거나 죄를 지으면 법으로 엄하게 다스렸습니다. 수나라는 빠르게 안정되었고, 문제는 백성들의 지지를 받았습니다.

정치를 안정시킨 문제는 밖으로 눈을 돌려 주변 나라 가운데 수나라에 위협이 될 만한 돌궐과 고구려의 힘을 약화시켜 놓으려고 했습니다. 고구려는 수나라의 등장에 긴장했습니다. 중국이 분열되어 있으면 고구려에 큰 위협이 되지 않지만 통일된 왕조가 들어서면 큰 위협이 되기 때문입니다.

전쟁을 피할 수 없게 된 고구려는 먼저 요하강 서쪽(요서) 지역을 공격했습니다

수나라 문제의 국가 체제 정비

지방 제도	지방 규모에 따라 주, 현으로 정비하고 중앙 정부에서 관리를 내려 보냄
세금 제도	조(토지)·용(사람)·조(가구)에 따라 일정하게 세금을 거둠
토지 제도	농민에게 토지를 똑같이 나누어 줌(균전제)
상업·교통	황하강과 양자강을 연결하는 뱃길(대운하) 건설 → 백성들의 원성이 높아지자 멈췄다가 양제가 뒤이어 완공
관리 등용	귀족이 관리를 임명하던 데서 벗어나 과거제도 시행
군대	군인들이 평상시에 농사를 짓게 함(부병제)
법	잔혹한 형벌을 없애고, 황족이라도 똑같이 적용
중앙 정부	3성: 상서성·문하성·내사성 6부: 사부·도지부·예부·병부·도관부·공부

수나라의 국가 제도는 주변 나라에도 영향을 주었어.

다. 드디어 고구려와 수나라의 전쟁이 시작된 것입니다. 고구려의 공격에 수나라 문제는 30만 군대를 보내 반격했습니다. 그런데 탁군(베이징 부근)에서 출발한 수나라 육군은 고구려에 도착하기도 전에 심각한 위기에 빠졌습니다. 병사들 사이에 전염병이 돌고 식량이 바닥난 것입니다. 또 산동(산둥)반도에서 황해를 건너던 수나라 수군 또한 태풍을 만나 배가 대부분 침몰했습니다. 수나라는 군대를 돌릴 수밖에 없었고 전쟁은 큰 피해 없이 고구려의 승리로 끝났습니다.

얼마 뒤 문제는 갑작스레 죽음을 맞았습니다. 문제의 뒤를 이은 양제는 다시 100만 대군을 모아 고구려와 전쟁을 준비했습니다. 수나라가 아무리 중국을 통일한 나라라고 해도 100만 대군을 모으기 위해서는 무리할 수밖에 없었습니다. 농민들은 모두 전쟁터로 끌려갔고, 전쟁 물자를 대느라 나라 경제가 휘청거렸습니다. 그러거나 말거나 양제는 고구려를 무너뜨릴 궁리만 했습니다. 612년 수나라의 수군과 육군이 고구려를 향해 움직이면서 다시 전쟁이 시작되었습니다.

고구려로서는 온 힘을 쏟아부은 수나라의 공격을 막아 내기가 벅찼습니다. 영토의 크기나 인구만 봐도 고구려와 수나라는 큰 차이가 있었습니다. 고구려도 나라의 운명을 걸고 싸움에 나서야 했습니다. 고구려 영양왕은 을지문덕에게 군대 지휘를 맡겼습니다. 을지문덕은 어떤 전술로 수나라군과 맞섰을까요?

수나라 육군은 요하(랴오허)강을 건너는 순간부터 고구려군의 공격을 받았습니다. 고구려군은 정면에서 싸움을 걸지 않고 재빨리 기습하다가 빠지면서 수나라군을 괴롭혔습니다. 그러고는 고구려의 첫 관문인 요동성으로 들어가 성문을 굳게 걸어 잠갔습니다. 수나라군이 성을 에워싸고 공격했지만 고구려군은 석 달 넘게 버텨 냈습니다. 고구려군의 거센 저항에 수나라군은 당황했습니다. 요동성을 그냥 지나쳐서 평양으로 쳐들어가자니 뒤에서 공격을 받을 게 뻔했습니다. 결국 수나라는 30만 명을 따로 떼어서 평양성을 공격하기로 했습니다. 고구려군은 이때도 30만 군대와 정면으로 맞서지 않고 고구려 영토 깊숙이 끌어들였습니다.

수나라 육군이 요동성에서 시간을 허비하고 있을 때, 수나라 수군은 대동강을 거슬러 평양 앞에 다다랐습니다. 당시 수나라 수군의 중요한 역할은 육군이 평양 가까이 오면 식량을 지원해 주는 것이었습니다. 그런데 고구려군이 수나라 수군을 꾀어내어 크게 무찌르고 식량을 빼앗아 버렸습니다. 수나라 수군이 식량을 건네주지 못하자 평양으로 향하던 30만 수나라 육군은 굶주림에 허덕였습니다. 수나라 육군은 평양성을 무너뜨리는 게 불가능하다는 사실을 깨닫고 발길을 돌렸지만 이미 독 안에 든 쥐 꼴이었습니다. 고구려군은 살수(평안북도 청천강)를 건너는 수나라군을 모조리 없앴습니다. 수나라군 30만 명 가운데 고작 몇 천 명만

고구려와 수나라의 전쟁 수나라의 문제와 양제는 연이어 고구려에 군대를 보내 전쟁을 일으켰습니다. 전쟁은 고구려의 승리로 끝났으며, 수나라는 무리한 전쟁과 나라 안의 혼란으로 멸망하고 말았습니다.

고구려와 수나라의 전쟁

을지문덕과 고구려군은 빼어난 전술로 수나라군을 괴롭혔으며, 결국 살수에서 큰 승리를 거두었습니다.

고구려 산성 고구려는 요령과 길림(지린) 유역에 50~60개의 성을 세우고, 산 능선을 따라 돌로 성벽을 쌓아서 적군이 넘어오지 못하도록 막았습니다. 중국 랴오닝성 와팡뎬(와방점)에 있는 고구려 득리사산성.

이 살아 돌아갔습니다. 이 전투가 바로 살수대첩입니다.

고구려군은 몸집이 큰 상대와 어떻게 싸워야 하는지를 잘 보여 주었습니다. 그 뒤로도 수나라는 두 차례 더 고구려를 공격합니다. 하지만 번번이 고구려의 거센 저항에 막혀 돌아가야 했습니다.

고구려와 수나라의 전쟁은 동북아시아에 큰 영향을 끼쳤습니다. 수나라는 고구려와의 전쟁으로 많은 사람들이 목숨을 잃고 경제가 바닥났습니다. 게다가 양제는 만리장성을 다시 쌓고, 궁궐을 새로 짓고, 중국의 남과 북을 잇는 대운하를 뚫는 등 무리한 토목 공사를 일삼았습니다. 백성들은 양제에게 등을 돌렸고 여기저기에서 반란이 일어났습니다. 결국 양제는 반란군의 손에 죽임을 당했습니다. 양제의 죽음으로 수나라가 멸망하고, 618년에 당나라가 세워졌습니다.

전쟁에서 승리한 고구려는 아시아 동북 지역의 주인으로 인정받았습니다. 하지만 마음 놓고 기뻐할 수만은 없었습니다. 전쟁은 고구려에도 큰 상처를 남겼습니다. 많은 병사들이 죽었고 백성들의 생활도 어려워졌습니다. 삼국 사이의 긴장도 여전했고, 나라 안에서는 귀족 사이의 권력 다툼도 끊이지 않았습니다. 영양왕의 뒤를 이은 영류왕 때 기어이 일이 터졌습니다.

당시 귀족 가운데서도 연개소문은 단연 눈에 띄었습니다. 연개소문은 세력가 집안에서 태어난 야심만만한 인물이었습니다. 연개소문을 두려워한 영류왕과 다른 귀족들은 그를 몰래 죽이려 했습니다. 이를 눈치 챈 연개소문은 군대를 이끌고 반대 세력을 모조리 죽였습니다. 영류왕도 연개소문의 칼을 피할 수 없었습니다. 연개소문은 보장왕을 새 왕으로 세우고 사실상 모든 권력을 움켜쥐었습니다.

고구려가 수나라와 전쟁을 치르는 동안 백제에서는 성왕이 죽고 한동안 귀족들이 중심이 되어 정치를 펼쳤습니다. 그러다가 무왕이 왕위에 오르면서 왕권을 어느 정도 회복했습니다. 무왕은 많은 사찰을 지어 불교를 퍼트리고, 수나라·당나라와 외교 관계를 이어 갔습니다. 또 빼앗긴 영토를 되찾기 위해 신라와 자주 싸움을 벌였습니다. 무왕의 뒤를 이어 왕위에 오른 의자왕은 고구려와 손잡고 신라를 공격해, 경주를 지키는 데 중요한 역할을 하던 대야성(경상남도 합천)을 비롯해 40여 개 성을 무너뜨렸습니다.

중국 그림 유물 속 삼국 사신 중국과의 외교 관계는 삼국의 대결 구도를 뒤흔들 만한 중요한 변수였습니다. 〈왕회도〉(양나라 때 조공을 바치러 온 외국 사신들을 그린 〈양직공도〉를 당나라 염립본이 다시 그린 그림)에 나오는 고구려, 백제, 신라 사신(왼쪽부터). 타이완국립고궁박물원.

신라는 진흥왕 이후로 한동안 국가 체제를 정비하고 불교를 퍼트리는 데 힘을 쏟았습니다. 신라는 왜 영토 전쟁을 더 벌여 나가지 않았을까요? 물론 더 이상 물러설 곳이 없는 고구려와 백제가 완강하게 저항했기 때문입니다. 여기에 더하여 신라가 어느 정도 자만에 빠진 까닭도 있습니다. 영토를 넓힌 뒤 신라는 나라 재정 대부분을 궁궐이나 절을 짓는 데 쓰거나 귀족들이 자기 세력을 키우는 데 사용했습니다.

632년에는 진평왕이 아들 없이 죽자 귀족들이 화백회의(중요한 나랏일을 결정하던 귀족 회의)를 통해 진평왕의 딸을 왕으로 뽑았습니다. 한반도 역사에서 여성으로는 처음 왕위에 오른 선덕여왕입니다. 선덕여왕은 지방에 관리를 보내서 어

신라의 신분 제도, 골품제

신라는 나라를 세우고 세력을 키우는 과정에서 골품제라는 독특한 신분 제도를 도입했습니다. 골품제는 혈통에 따라 신분을 나누는 제도입니다. 관직이 나뉘는 것은 물론이고, 결혼을 하거나 옷을 입거나 집 크기를 정할 때도 신분에 따라 정해진 규칙을 지켜야 했습니다. 골품제는 대대로 신라 사회를 이루는 기본 틀이었습니다.

골품은 크게 성골과 진골 그리고 6두품으로 나뉘었습니다. 성골은 김씨 왕족 가운데서도 왕이 될 수 있는 혈통이었습니다. 다만 진덕여왕을 마지막으로 성골이 사라져 태종무열왕부터는 진골이 왕이 되었습니다.

진골은 성골이 아닌 왕족과 최고 귀족층을 이루는 신분이었습니다. 진골의 권위는 성골에 뒤지지 않았습니다. 진골은 높은 관직을 독차지했으며, 세력이 큰 진골은 왕권을 넘보기도 했습니다.

성골과 진골이 아닌 신분은 다시 여섯 계층, 곧 6두품으로 나뉘었습니다. 이 가운데 6두품에서 4두품까지는 관리가 될 수 있는 귀족 신분이었습니다. 특히 6두품은 높은 관직에 오르며 나라의 중요한 일을 맡기도 했습니다. 신라 말기의 학자이자 관료인 최치원, 불교를 백성들에게 널리 알린 원효대사 등도 6두품 출신이었습니다. 3두품에서 1두품까지는 관직에 오를 수 없는 평민으로 알려져 있습니다.

골품제는 처음에는 신라가 사회 질서를 유지하는 데 큰 힘이 되었지만, 시간이 흐를수록 많은 문제를 낳았습니다. 진골 귀족은 자기 이익을 챙기느라 나랏일을 돌보지 않았고, 아무리 능력이 뛰어나도 뜻을 펼치지 못하는 6두품 신분은 신라에 불만을 가질 수밖에 없었습니다. 결국 골품제는 신라를 멸망하게 만든 주요 원인이 되었습니다.

첨성대 선덕여왕 때 벽돌 362개를 사용해 높이 9.17미터로 쌓아 올린 건축물입니다. 일반적으로 태양과 달과 별자리를 관찰하는 천문대로 알려져 있습니다. 경상북도 경주시 반월동.

려운 백성을 돕게 하고, 여러 지역의 세금을 1년 동안 줄여 주는 등 백성을 돌보는 정책을 폈습니다. 이즈음 백제와 고구려가 신라에게 빼앗긴 영토를 되찾기 위해 자주 싸움을 걸어 왔습니다. 선덕여왕은 김유신을 앞세워 영토를 지키는 한편, 부처님의 힘으로 어려움을 이겨 내기 위해 여러 절과 황룡사 9층목탑을 세우기도 했습니다. 또 당나라에 사신을 보내 도움을 요청했습니다. 나라를 안정시킨 당나라 태종은 신라가 도움을 요청하자 이를 핑계로 고구려를 공격했습니다.

고구려와 당나라의 전쟁

중국에 새로 통일 국가를 세운 당나라는 한동안 주변 세력과 평화 관계를 유지했습니다. 하지만 나라가 안정되고 백성들 힘이 한데 모이자 태도가 바뀌었습니다. 당나라도 중국의 여느 통일 국가와 마찬가지로 당나라가 세계의 중심이자 황제 국가이고 주변은 모두 오랑캐 나라라고 생각했습니다. 당나라는 주변 나라에게 신하로서 예의를 갖추라고 강요하고, 이를 어기면 강력한 군사력으로 다스렸습니다. 동북아시아의 주인으로 자리 잡은 고구려가 눈에 거슬리는 건 당연했습니다. 고구려도 당나라가 곧 공격해 올 것을 알고 있었습니다. 고구려는 서북쪽 국경을 따라 천리장성을 쌓고 성을 고쳐 세우면서 전쟁을 준비했습니다. 이제 두 나라 사이의 전쟁은 피할 수 없었습니다.

644년 마침내 당나라 태종은 고구려와 전쟁을 시작했습니다. 고구려가 당나라의 신하 나라인 신라를 공격했으며, 수나라와 전쟁을 치르며 빼앗은 요동 땅을 되돌려 주지 않는다는 이유였습니다. 당나라 태종은 50만 군대를 앞서 보내고, 뒤이어 직접 50만 군대를 이끌고 고구려로 쳐들어갔습니다. 당나라는 수나라의 실패를 교훈 삼아 다짜고짜 정면으로 밀어붙이지 않았습니다. 오히려 고구려군이 기다리는 길목을 피해 멀리 돌아가기도 하고, 뒤에서 기습하기도 했습니다. 게다가 당나라군은 큰 돌을 멀리 날려서 두터운 성벽을 대번에 깨뜨리는 포차 같은 새로운 무기를 지니고 있었습니다. 당나라군의 새로운 전술과 무기 앞에 요동성을 비롯한 고구려의 성들이 연달아 무너졌습니다.

요동성이 무너지자 연개소문은 15만 군대를 안시성으로 보냈습니다. 가장 잘 훈련된 군대를 보내 당나라군을 막아 내려 한 것입니다. 드디어 두 나라 군대는 안시성 앞 벌판에서 맞붙었습니다. 당나라군은 몇 번 힘을 겨루더니 등을 보이며 도망쳤습니다. 기세가 오른 고구려군은 앞뒤 재지 않고 당나라군을 뒤쫓았습니

당나라의 성장 당나라는 강력한 군사력과 정치력을 바탕으로 세계적인 영향력을 가진 나라로 성장했습니다.
중국 간쑤(감숙)성 둔황(돈황) 막고굴 156실 벽화 〈장의조출행도〉(부분)의 당나라군 모습.

다. 그런데 이는 당나라군이 파 놓은 함정이었습니다. 고구려군은 당나라군에 포위되어 크게 패배하고 말았습니다.

이제 당나라 대군 앞에는 안시성만 남았습니다. 고구려의 주력 부대가 무너진 터라 안시성은 바람 앞의 촛불처럼 위태로워 보였습니다. 당나라군은 안시성을 에워싸고 공격을 퍼부었습니다. 하지만 안시성은 당나라군의 공격에 거세게 저항하며 버텨 냈습니다. 손쉽게 무너질 것 같던 안시성이 몇 날 며칠이 지나도록 꿈쩍도 하지 않자 태종은 초조해졌습니다. 그렇다고 안시성을 그냥 지나칠 수도 없는 노릇이었습니다.

태종은 고민 끝에 흙으로 안시성보다 높게 산을 쌓아 그 위에서 공격하기로 했습니다. 당나라군은 두 달 넘게 산을 만들었습니다. 그런데 흙산이 거의 완성될 즈음에 안시성을 지키던 고구려군이 쳐들어가 도리어 흙산을 빼앗아 버렸습니

고구려와 당나라의 전쟁 당나라 태종과 고종은 대군을 보내 고구려를 무너뜨리려 했습니다. 고구려는 전쟁에서 승리했지만 큰 피해를 입었습니다.

다. 두 나라 군대는 흙산을 차지하기 위해 사흘 밤낮으로 전투를 벌였습니다. 치열한 전투 끝에 고구려군은 기어이 흙산을 지켜 냈습니다.

　태종은 패배를 받아들여야 했습니다. 20만 명이 넘은 병사들이 죽었고, 살아남은 병사들도 오랜 전쟁으로 지쳐 있는 데다 마침 추운 겨울이 다가오고 있었습니다. 태종은 어쩔 수 없이 군대를 돌려 후퇴했습니다.

　고구려의 승리였습니다. 하지만 이 전쟁으로 고구려 또한 주력 부대를 잃었습니다. 그야말로 상처만 남은 승리였습니다. 게다가 태종은 그 뒤에도 고구려를 무너뜨리려는 생각을 버리지 않고 계속 침략했습니다. 당나라군은 수차례 국경

중국 사람들 눈에 비친 연개소문
중국 역사책 《당설인귀과해정료고사》 삽화에는 연개소문(오른쪽 아래)이 칼 다섯 자루를 한꺼번에 휘두르는 뛰어난 무사로 그려져 있습니다.

을 넘나들며 고구려를 괴롭혔습니다. 고구려의 힘을 빼놓으려는 속셈이었습니다. 나아가 당나라는 한반도에서 삼국이 대치하고 있는 상황을 이용했습니다. 신라를 끌어들여 고구려를 양쪽에서 공격하려 한 것입니다.

신라도 당나라의 도움을 받아 삼국의 대립 상황을 끝내고 통일 국가를 세우고자 했습니다. 여기에 맞서 고구려는 연개소문의 지휘 아래 전쟁 준비에 나섰고, 백제는 친밀한 관계를 유지하던 왜와 손을 잡았습니다. 크게 보자면 신라-당나라 대 고구려-백제-왜의 대립 구도가 생겨난 것입니다. 다만 고구려와 백제는 서로를 적으로 여기고 싸워 왔기 때문에 적극적인 연합을 시도하지 않았습니다. 한반도는 다시 전쟁의 소용돌이에 빠져들고 있었습니다.

신라, 삼국을 통일하다

선덕여왕과 진덕여왕 시기에 신라에는 두 명의 뛰어난 인물이 등장했습니다. 한 명은 왕족 출신의 김춘추입니다. 김춘추는 선덕여왕 때 비담 세력의 반란을 물리치며 신라의 중심 인물로 떠올랐습니다. 다른 한 명은 가야 왕족의 후손 김유신입니다. 김유신은 젊은 시절에 화랑이 되었으며 여러 전투에서 큰 공을 세워 차츰 높은 벼슬자리에 올랐습니다. 김유신과 김춘추는 둘도 없는 친구였습니다. 김유신의 여동생과 김춘추가 결혼을 하며 두 사람은 관계가 더욱 끈끈해졌습니다. 둘은 신라가 중심이 되어 전쟁을 끝내고 삼국을 통일시키자고 약속했습니다. 그러나 현실은 녹록지 않았습니다. 신라는 백제 의자왕의 공격을 막아 내기도 벅찼습니다. 신라를 도와 줄 누군가가 필요했습니다. 고구려와 당나라의 전쟁이 끝난 뒤, 김춘추는 당나라로 건너갔습니다. 김춘추는 태종에게 힘을 합쳐 백제와 고구려를 차례로 무너뜨리자고 제안했습니다. 고구려에 이를 갈던 태종으로서는 김춘추의 제안을 거절할 이유가 없었습니다.

삼국의 전쟁이 길어지면 다 함께 멸망할 거야. 당나라의 힘을 빌려서라도 통일을 이뤄야 해.

그런데 김춘추가 신라로 돌아온 이듬해에 당나라 태종이 뜻하지 않게 죽었습니다. 그 탓에 신라와 당나라의 연합 계획은 미뤄지고 말았습니다. 하지만 김유신과 김춘추는 군사력을 키우고 정치를 안정시키며 통일 전쟁을 준비했습니다. 그런 가운데 진덕여왕이 죽자 화백회의에서는 김춘추를 태종무열왕 자리에 올렸습니다. 진골 신분으로는 처음으로 왕위에 오른 것입니다.

그러던 660년, 마침내 소정방이 이끄는 당나라 13만 군대가 배를 타고 백제로 쳐들어왔습니다. 신라에서는 김유신이 이끄는 5만 군대가 백제로 향하였습니다.

한편 당나라와 신라의 공격 소식을 들은 백제 의자왕은 계백에게 5천 군대를 주어 신라군을 막게 했습니다. 그런데 백제의 운명을 짊어지고 싸울 병사가 왜 5천 명밖에 없었을까요? 젊은 시절에 뛰어난 왕으로 이름을 드높이던 의자왕은 나이가 들수록 사치와 향락에 빠졌습니다. 바른말을 올리는 신하들을 가두거나 귀양 보내고, 왕자들에게 높은 벼슬을 나누어 주고, 귀족들의 땅을 빼앗았습니다. 그러니 누구도 의자왕을 따르지 않았던 것입니다.

계백과 5천 결사대는 황산벌(충청남도 논산)에서 신라 군대를 맞았습니다. 군사력에서 워낙 큰 차이가 나는 터라 싸움의 결과는 이미 정해져 있었습니다. 하지만 죽기를 각오한 백제군은 수차례 신라군의 공격을 막아 냈습니다. 백제군의 거센 저항에 놀란 신라군이 주춤거릴 때였습니다. 신라의 젊은 화랑들이 백제군 진영으로 뛰어들어 싸우다가 목숨을 잃었습니다. 화랑 반굴과 관창이었습니다. 이들의 죽음을 지켜본 신라군은 다시 용기를 냈습니다. 신라군의 거센 공격에 계백과 5천 결사대는 결국 패배하고 모두 죽음을 맞았습니다.

백제군을 물리친 신라군은 당나라군과 만나 도읍 사비성으로 쳐들어갔습니다. 의자왕은 계백이 패배했다는 소식을 듣고 웅진성으로 도망친 뒤였습니다. 사비성을 지키던 군사들은 순순히 성문을 열어 주었습니다. 며칠 뒤 의자왕도 별다른 저항 없이 무릎을 꿇었습니다. 그렇게 백제는 힘없이 멸망하고 말았습니다. 그 뒤로 몇몇 세력이 백제를 다시 일으키려고 시도했습니다. 663년에는 왜의 야마토 정권이 2만여 군대를 보내 백제 부흥 세력을 도왔습니다. 하지만 이들은 신라-당나라 연합군에게 크게 패배하여 죽거나 뿔뿔이 흩어졌습니다.

백제를 무너뜨린 이듬해에 신라와 당나라 연합군은 고구려를 공격하기로 했습니다. 그런데 이때 신라는 태종무열왕이 죽고, 백제 부흥 세력과 맞서느라 전쟁에 참여하지 못했습니다. 당나라군은 홀로 몇 차례 싸움을 치른 끝에 고구려 국경을 넘어 평양에 이르렀습니다. 그러자 고구려는 평양성을 굳게 걸어 닫고 당나라군에 맞섰습니다. 고구려군은 성을 지키며 싸우는 전술이 아주 뛰어났습니다. 아무리 세력이 약해졌다지만 연개소문이 이끄는 고구려군은 쉽사리 무너지지 않았습니다. 몇 달에 걸친 싸움 끝에 이번에도 고구려군은 당나라군을 물리쳤습니다. 당나라군은 뒤늦게 도착한 신라군의 도움으로 겨우 자기 나라로 돌아갈 수 있었습니다.

삼국 통일의 또 다른 주인공, 화랑

신라는 진흥왕 때에 귀족 집안의 젊은이들을 모아 군사 훈련을 시키고, 산과 강을 돌아다니며 몸과 마음을 다지게 했습니다. 이 젊은이들 무리가 바로 화랑입니다. 화랑은 용감한 장수와 지혜로운 정치가를 길러 냈습니다. 삼국 통일을 이끈 태종무열왕(김춘추)과 김유신도 화랑 출신이었습니다.

660년, 신라군은 황산벌에서 계백이 이끄는 백제의 결사대와 싸움을 벌였습니다. 나라의 운명을 짊어진 백제 결사대의 저항은 거셌습니다. 몇 차례 싸움에서 번번이 물러난 신라군은 지칠 대로 지쳐 사기가 점점 떨어졌습니다. 이때 신라군에는 아버지를 따라 싸움에 나선 화랑 관창도 있었습니다. 관창의 아버지는 아들을 불러 화랑으로서 모범을 보이라고 말했습니다. 관창은 아버지의 말뜻을 알아들었습니다.

관창은 곧바로 백제 군대를 향해 말을 달렸습니다. 하지만 곧 붙잡혔고, 계백은 어린 관창을 죽이지 않고 돌려보냈습니다. 관창은 다시 한 번 백제 군대를 향해 돌진했고, 계백도 이번에는 어쩔 수 없이 그의 목을 베어 돌려보냈습니다.

관창의 죽음을 본 신라군은 사기가 되살아나 백제군을 물리쳤습니다. 황산벌 싸움을 끝으로 신라는 별다른 어려움 없이 백제를 무너뜨립니다. 삼국 통일을 이끈 화랑 관창의 용기는 두고두고 신라 사람들의 자랑으로 남았습니다.

훗날 조선시대 유학자들은 어린 소년을 홀로 적진에 뛰어들게 한 것이 자랑할 만한 일은 아니라고 비판하기도 했습니다.

임신서기석 경상북도 경주시 현곡면 금장리에서 출토된 비석에는 "임신년 6월 16일에 두 사람이 함께 맹세하여 기록한다. (…) 충성의 도를 지키고 허물이 없기를 하늘 앞에 맹세한다. (…) 만약 나라가 편안하지 않고 세상이 크게 어지러우면 충성의 도를 행할 것을 맹세한다. 또한 (…) 《시경》《상서》《예기》《춘추전》을 차례로 3년 동안 익히기로 맹세하였다"는 내용이 담겨 있습니다. 이 임신서기석은 두 화랑이 맹세한 내용을 새긴 것으로 보입니다.

황산벌 전투

김유신이 이끄는 신라군과 계백이 이끄는 백제군은 황산벌에서 운명을 건 전투를 벌입니다. 치열한 싸움 끝에 신라군은 마침내 5천 백제군을 물리칩니다. 황산벌 전투를 끝으로 백제는 별다른 저항 없이 신라에 무릎을 꿇었습니다.

그런데 전쟁이 끝나고 몇 해 뒤에 연개소문이 늙어 죽고 말았습니다. 연개소문이 후계자를 정해 놓지 않고 죽자 세 아들은 권력을 놓고 싸움을 벌였습니다. 권력 다툼에서 패배한 큰아들 남생은 국내성 주변의 세력을 모아 당나라에 항복해 버렸습니다. 뒤이어 연개소문의 동생 연정토도 남쪽 지역 세력을 이끌고 신라로 넘어가 버렸습니다. 고구려는 손과 발이 잘린 셈이나 다름없었습니다.

668년, 기회를 잡은 신라와 당나라 연합군은 다시 고구려를 공격했습니다. 그토록 굳건하던 평양성은 힘 한번 쓰지 못하고 무너졌습니다. 한반도와 동북아시아 지역을 주름잡던 고구려가 허무하게 끝을 맺었습니다. 이렇게 해서 700여 년을 이어 온 삼국시대는 막을 내렸습니다.

백제에 이어 고구려까지 멸망하자 신라와 당나라 연합군은 목표를 이룬 것처럼 보였습니다. 당나라와 신라는 연합군을 이룰 때 대동강 위쪽 땅은 당나라가, 아래쪽 땅은 신라가 갖기로 했습니다. 그런데 당나라는 약속을 어기고 옛 백제 영토를 넘볼 뿐만 아니라 신라에까지 군대를 보내 직접 다스리려고 했습니다. 신라와 당나라는 한반도의 주인 자리를 놓고 마지막 전쟁을 벌였습니다.

처음에 신라는 당나라군을 거세게 몰아붙였습니다. 옛 고구려 세력과 힘을 모아 당나라군을 물리치기도 했습니다. 그러자 당나라도 더 많은 군대를 보내 신라군을 공격했습니다. 한때 신라는 당나라군에 크게 패배하며 위기를 겪었습니다. 그 와중에 김유신마저 병으로 세상을 떠났습니다. 하지만 신라군은 다시 군대를 정비해서 전쟁터로 나섰습니다. 그러고는 매소성(경기도 연천)과 기벌포(충청남도 장항)에서 당나라군을 크게 무찔렀습니다. 676년 기벌포 전투를 끝으로 당나라는 전쟁을 포기했습니다. 7년에 걸친 전쟁이 끝난 것입니다.

이로써 신라는 고구려, 백제를 아우르는 삼국 통일을 이룰 수 있었습니다. 신라의 삼국 통일은 여러 모로 큰 뜻을 지닙니다. 백성들은 전쟁의 두려움 없이 생

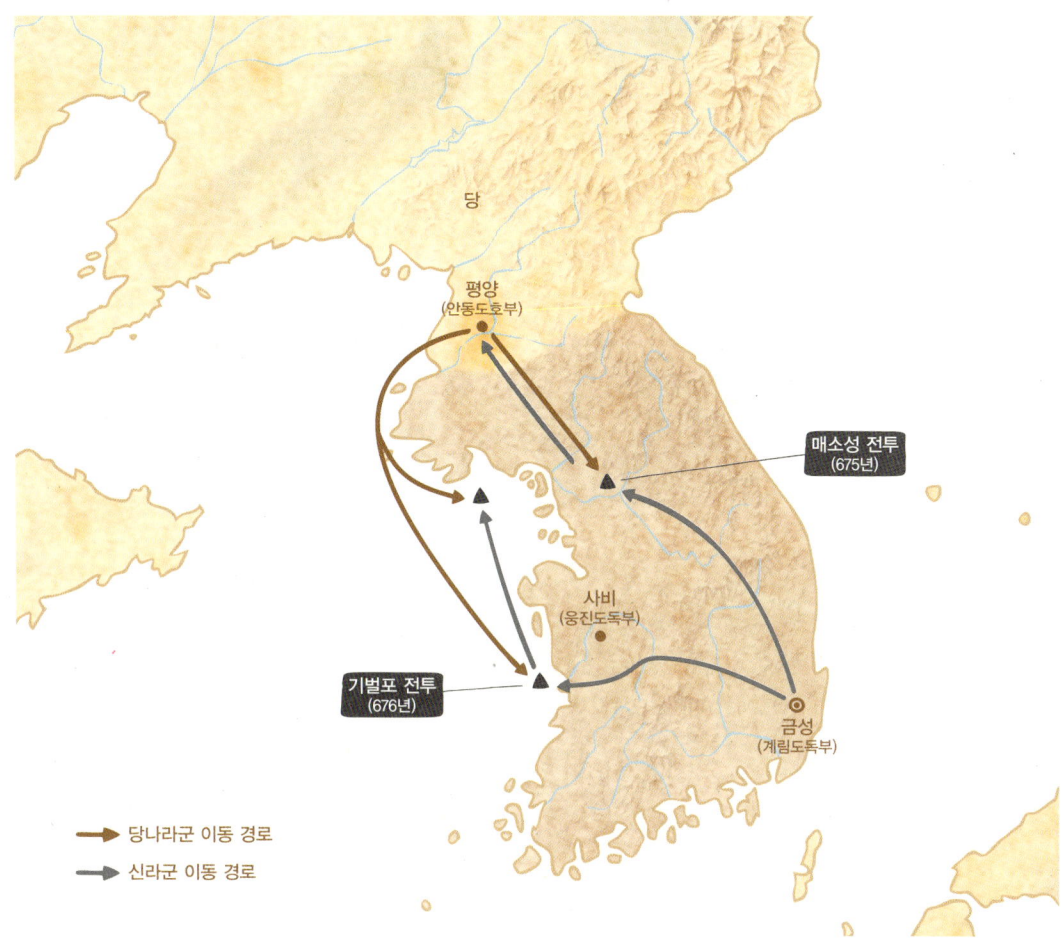

신라와 당나라의 전쟁 백제와 고구려가 멸망하자 당나라는 신라까지 손아귀에 넣으려 했습니다. 신라는 당나라와 전쟁을 벌여 한반도 중부와 남부 지역을 차지했습니다.

활하고, 전쟁에 쓰이던 비용은 경제와 문화를 발전시키는 데 쓸 수 있게 되었습니다. 또 한반도 전체가 하나의 국가 안에서 공동체를 이루게 되었습니다. 하지만 신라의 삼국 통일에 대한 평가에는 아쉬운 목소리도 있습니다. 신라가 삼국 사이의 전쟁에 당나라를 끌어들인 탓에 고구려 영토 대부분을 당나라가 차지했고, 통일신라는 대동강 아래쪽 땅만 다스리게 되었기 때문입니다.

신라의 세 여왕

고대국가의 왕은 나라 안팎에서 숱한 전쟁을 치러야 했습니다. 또 당시에는 남성에 견주어 여성의 사회 활동이 크게 가로막혀 있었습니다. 그렇다 보니 왕은 대부분 남성이 도맡았습니다. 그런데 드물게도 신라에는 왕위에 오른 세 여성이 있습니다.

신라에서 여왕이 나올 수 있었던 것은 골품제 때문입니다. 신라의 왕은 골품제에 따라 김씨 왕족 가운데 성골이 대대로 이어받았습니다. 하지만 진평왕이 죽은 뒤 문제가 생겼습니다. 왕위를 이어받을 성골 남성이 없었던 것입니다. 고구려나 백제에서 이런 문제가 생겼다면 다른 왕족이나 귀족 가운데 한 남성이 왕위를 이어받았을 것입니다. 하지만 신라는 골품제가 워낙 단단하게 뿌리를 내리고 있어서 성골 신분의 여성이 왕위에 오르게 된 것입니다.

신라 최초의 여왕은 선덕여왕입니다. 선덕여왕의 할아버지는 신라의 영토를 크게 넓히고, 왕권을 강화시킨 진흥왕입니다. 또 선덕여왕의 아버지 진평왕은 신라 왕 중에서 가장 오랫동안(53년) 왕위를 지켰습니다. 그만큼 신라 역사에서 왕권이 강력하던 때였고, 덕분에 진평왕은 딸에게 안정적으로 권력을 물려줄 수 있었습니다. 선덕여왕이 왕위에 오른 데에는 이런 배경이 있었습니다.

선덕여왕은 632년에 왕위에 오르자 먼저 형편이 어려운 백성에게 식량을 나누어 주고 여러 지역의 세금을 1년간 줄여 주었습니다. 또 김춘추와 김유신의 능력을 높이 사서 정치와 군사를 이끌어 가게 했습니다. 첨성대를 세운 것도 선덕여왕 때 일입니다. 이처럼 선덕여왕은 지혜롭게 신라를 이끌어 갔습니다. 한편으로 선덕여왕

은 분황사, 황룡사 9층목탑을 비롯해 수많은 절과 탑을 세우고 스님들에게 나랏일을 맡기기도 했습니다. 이 때문에 선덕여왕은 불교에 너무 빠진 나머지 현실 정치를 제대로 바라보지 못했다는 평가를 받기도 합니다.

 선덕여왕의 뒤를 이어 두 번째 여왕이 등장합니다. 바로 진덕여왕입니다. 진덕여왕이 왕위에 오른 시기에는 나라 안팎으로 반란과 전쟁이 들끓고 있었습니다. 진덕여왕은 내부의 반란을 빠르게 잠재우고, 김유신을 앞세워 백제를 공격하게 하고, 김춘추를 당나라에 보내 군사 지원을 요청했습니다. 진덕여왕의 발 빠르고 과감한 정책은 신라가 삼국을 통일하는 데 결정적인 역할을 했습니다.

 마지막으로 진성여왕은 887년에 왕위에 오릅니다. 진성여왕은 백성들에게 세금을 줄여 주고, 당나라에서 돌아온 최치원에게 높은 벼슬을 내려 정치를 바로잡으려 했습니다. 하지만 귀족들은 여전히 자기 욕심을 챙기느라 바빴고, 곳곳에서 반란이 일어났습니다. 통일신라는 이미 기울 대로 기울어서 돌이킬 수 없는 지경이 되었습니다. 그래서 그런지 《삼국사기》는 진성여왕을 문란한 사생활 때문에 나라를 망친 왕으로 기록하고 있습니다.

 이처럼 신라의 세 여왕은 저마다 뚜렷한 자취를 남겼습니다. 그런 만큼 이들에 대한 평가도 다양합니다. 이래저래 세 여왕은 우리 역사에서 특별한 의미를 띠는 존재들입니다.

유물로 보는 역사

무령왕릉

무령왕릉 내부 복원 모습(위)과 출토 유물 충청남도 공주시 웅진동 무령왕릉 전시관.

충청남도 공주시 금성동에는 백제시대에 만들어진 무덤 일곱 개가 나란히 모여 있습니다. 크기와 구조로 보아 왕과 왕족의 무덤들이 틀림없습니다. 이들 무덤은 공주가 백제의 옛 도읍지(웅진)였다는 사실을 알려 줍니다. 하지만 무덤들은 대부분 텅텅 비어 있습니다. 세상에 드러나기 전에 이미 누군가가 무덤을 파헤쳐서 안에 있던 유물을 모두 훔쳐가 버렸기 때문입니다. 하지만 일곱 번째 무덤은 좀 다릅니다. 놀랍게도 만들어질 때 모습으로, 안쪽 유물도 그대로 간직한 채 세상에 나타났습니다. 일곱 번째 무덤은 어떻게 천오백 년이 넘는 세월을 견뎌 낼 수 있었을까요?

1971년 여름, 한 일꾼이 5호 무덤과 6호 무덤 사이의 물길을 정비하다가 벽돌이 쌓여 있는 것을 발견했습니다. 현장 관리자는 이게 백제시대 벽돌이라는 걸 한눈에 알아챘습니다. 고대 유물을 발굴하고 연구하는 전문가들이 그 소식을 듣고 한달음에 달려왔습니다. 땅을 더 파내려 가자 벽돌을 아치 모양으로 쌓은 무덤 입구가 드러났습니다. 바로 무령왕과 왕비의 무덤이었습니다.

무령왕릉은 오랜 세월 봉분이 깎여 눈에 띄지 않았던 데다 무덤 입구 또한 흙 속에 묻혀 이제껏 누구의 손도 타지 않았습니다. 덕분에 무덤에서는 두 사람의 시신을 눕혀 놓은 관과 함께 4천6백여 점이 넘는 유물이 쏟아져 나왔습니다. 이 가운데 금과 옥으로 만든 장식품에서는 백제의 화려하면서도 우아한 예술성이 한껏 묻어납니다. 또 청동으로 만든 거울과 다리미, 토기로 만든 갖가지 그릇은 백제 왕족이 어떻게 생활했는지 생생하게 보여 줍니다. 무령왕릉은 오늘날 우리를 천오백 년 전 백제로 안내해 주는 타임머신입니다.

한편, 무령왕릉은 무덤 전체가 벽돌로 만들어졌습니다. 이 벽돌 무덤은 중국 남조에서 왕족의 무덤을 만들 때 사용하던 방식입니다. 또 무령왕이 누워 있는 관은 일본 소나무로 만들었습니다. 백제가 그만큼 동아시아 여러 나라들과 활발하게 교류했다는 사실을 알 수 있는 증거입니다.

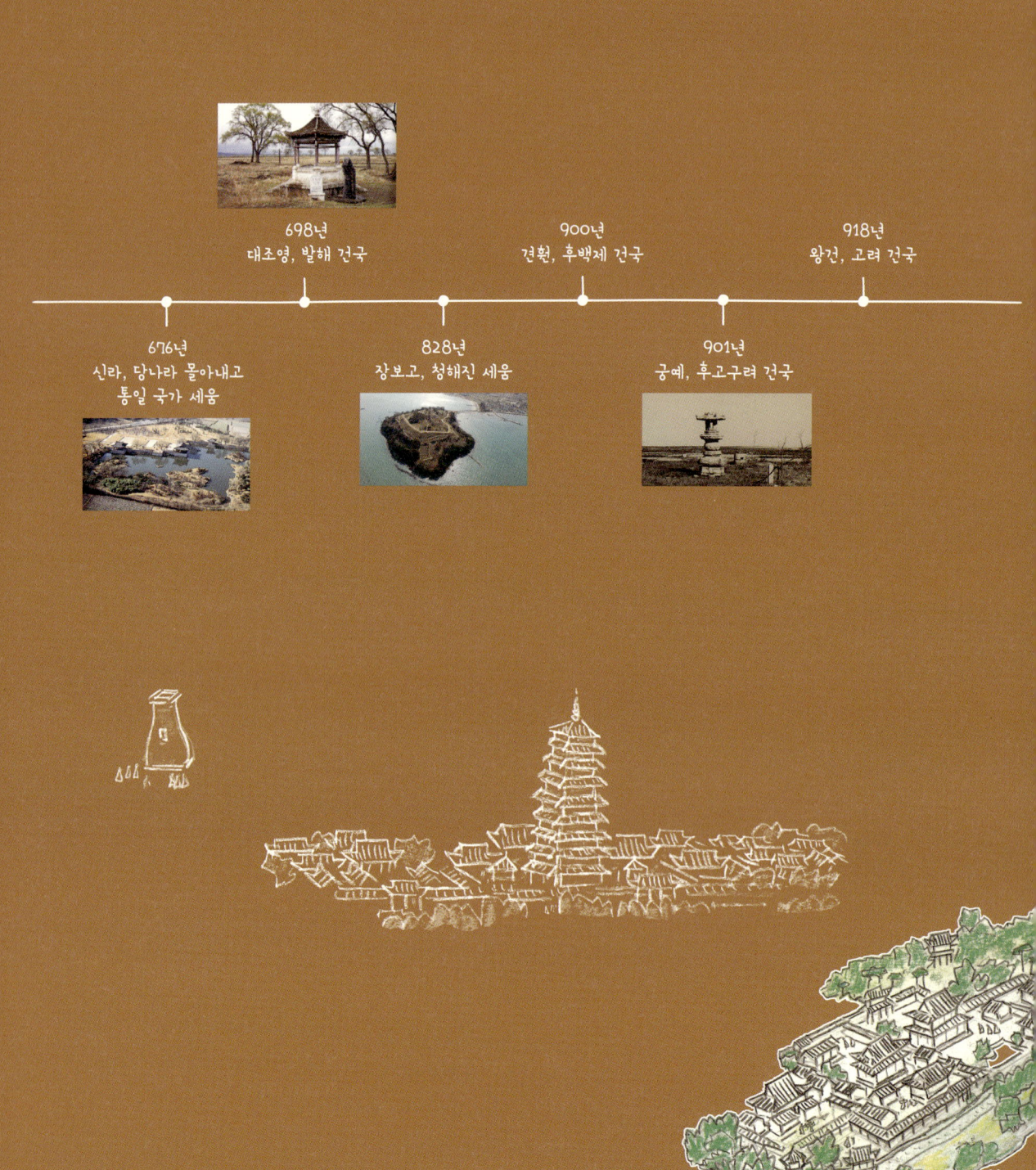

통일신라와 발해

통일신라는 삼국의 정치·경제·문화를 하나로 합쳐 독특한 사회를 이루었습니다. 한편 옛 고구려 영토에서는 발해가 크게 세력을 떨치며 북방 지역을 주름잡습니다.

통일신라는 250여 년 동안 화려하고 독특한 문화를 꽃피웁니다. 하지만 귀족 세력이 자기 욕심을 채우느라 백성을 돌보지 않은 탓에 나라는 빠르게 기울어 갔습니다. 10세기 초반, 한반도 곳곳에서 통일신라에 반대하는 호족 세력이 일어났습니다. 그중에서도 견훤이 세운 후백제, 궁예가 세운 후고구려가 세력을 떨쳤습니다. 이들 가운데 과연 누가 한반도에 새로운 통일 국가를 세우게 되었을까요?

통일신라의 성장

신라가 삼국을 통일하면서 한반도는 큰 변화를 맞이했습니다. 한반도 안에서 전쟁이 사라졌으니 군사력을 키우던 데서 벗어나 나라를 안정적으로 다스리는 데 힘을 기울여야 했습니다. 그러자면 무엇보다 관료 제도와 법 제도가 바로 서고 왕권이 강화되어야 합니다. 그런데 통일신라에는 큰 걸림돌이 하나 있었습니다. 신분을 엄격하게 나누는 골품제가 그것이었습니다. 골품제는 통일신라에서도 여전히 유지되고 있었습니다. 귀족 세력은 대대로 너른 땅과 막강한 군사력을 소유했습니다. 진골 귀족들이 모인 화백회의에서 나라의 중요한 일을 결정했으며, 왕은 이를 받아들여야 했습니다. 덕분에 귀족 세력은 왕에 버금가는 권력을 누렸습니다.

문무왕의 뒤를 이은 신문왕은 귀족 세력을 억누르고자 했습니다. 신문왕은 자신을 몰아내려고 반란을 꾀했다는 이유로 장인을 비롯한 수많은 진골 귀족을 없

월지 문무왕은 궁성 옆에 연못(월지)을 만들고, 그 둘레에 임해전을 비롯한 여러 건물을 지어 올렸습니다. 월지에서는 삼국을 통일한 신라의 자신감과 여유가 한껏 묻어납니다.

애고, 왕과 궁성을 보호하는 군대를 크게 늘렸습니다. 화백회의의 역할도 크게 줄이고 그 대신 중앙 정부가 나라의 중요한 일을 맡아서 결정하고 처리하도록 했습니다. 또 귀족 관리들에게 자신들의 땅에서 세금만 걷을 수 있도록 했습니다. 이전까지 귀족들은 세금은 물론이고 백성들까지 마음대로 부릴 수 있었습니다. 하지만 이제 백성들의 노동력을 함부로 쓸 수 없게 된 것입니다. 이 밖에도 귀족 신분 학생들에게 유교를 가르치는 교육 기관인 국학을 세웠습니다. 유교에서는 신하가 왕에게 충성을 바쳐야 한다고 가르칩니다. 이런 정책을 통해 귀족의 힘이 약해지고 왕권이 크게 강화되었습니다.

또 하나 신문왕이 풀어야 할 중요한 문제가 있었습니다. 옛 고구려와 백제 백성들 가운데는 여전히 통일신라를 마음으로 따르지 않는 사람들이 많았습니다. 삼국 사이에 오랜 전쟁으로 쌓인 안 좋은 감정이 하루아침에 사라질 리 없습니다. 따라서 백성들을 잘 다독이고, 반대 세력을 잠재워야 했습니다.

통일신라의 중앙 정부

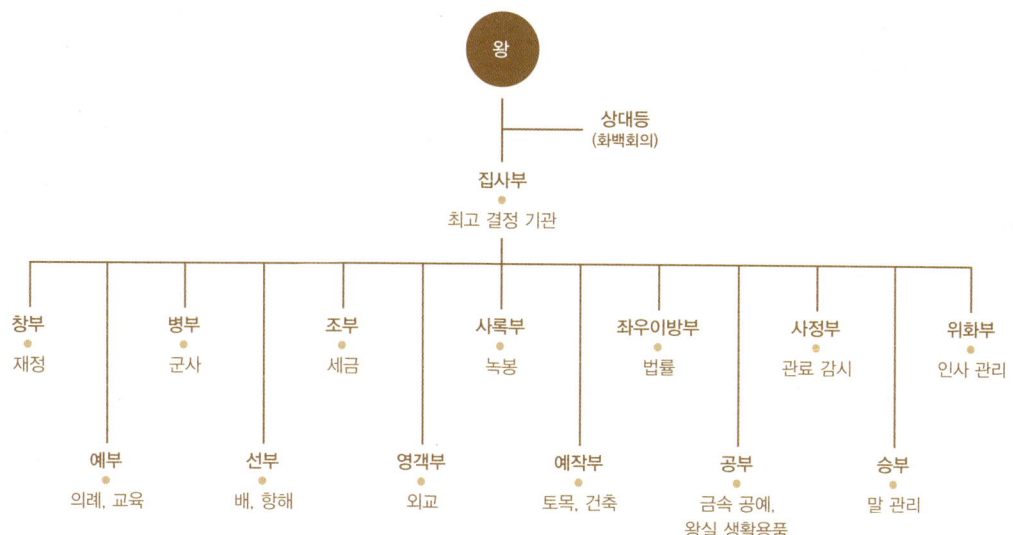

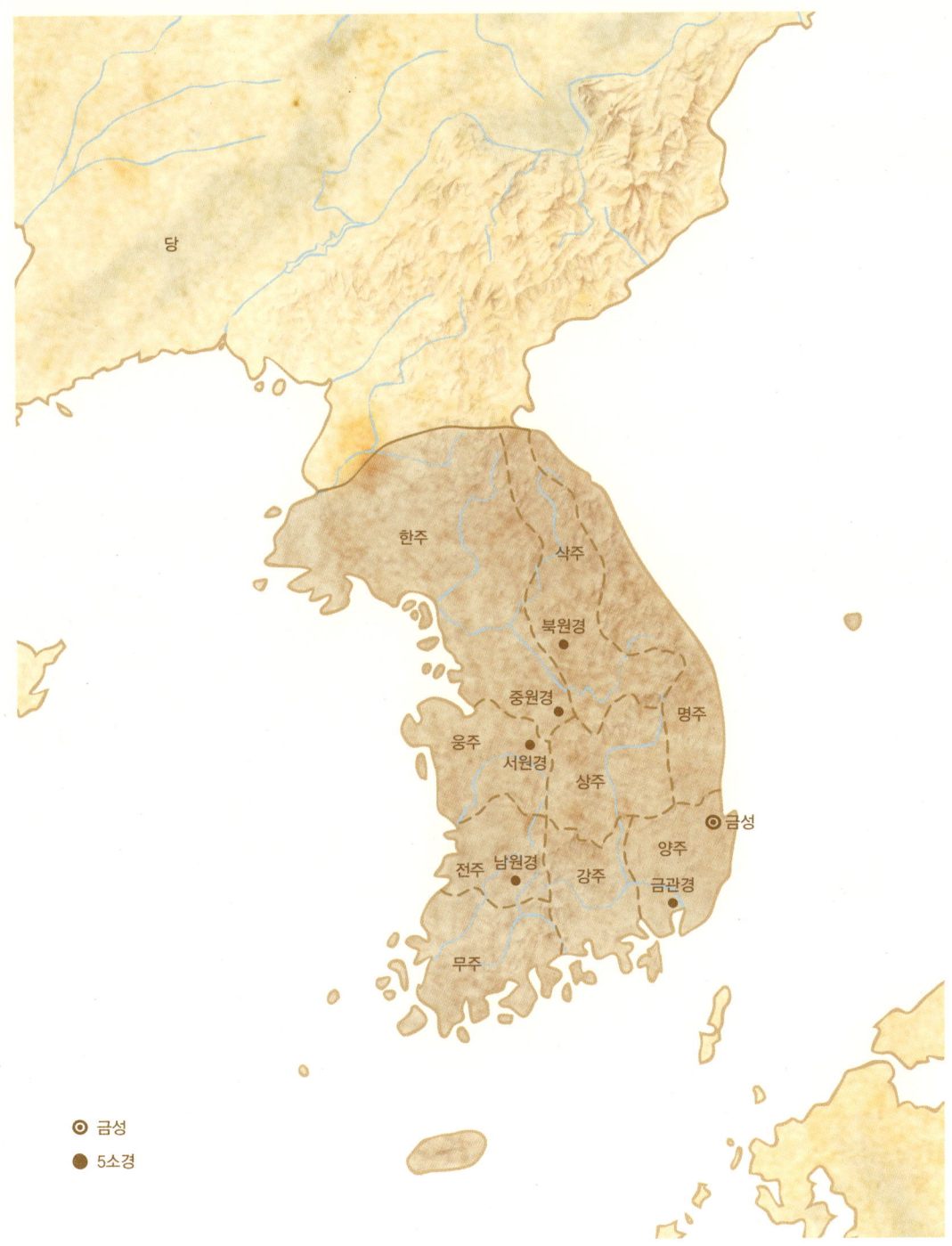

통일신라의 지방 제도 통일신라는 영토를 9주로 나누고, 5소경을 두어 지방을 균형 있게 다스리고자 했습니다.

신문왕은 먼저 영토를 아홉 개 주(9주)로 나누고, 정치·경제적으로 중요한 다섯 지역에 작은 도읍(5소경)을 세웠습니다. 통일신라 영토 안에서 살아가는 백성을 효율적으로 다스리기 위한 조치였습니다. 나아가 백제와 고구려 출신 귀족 집안의 자식들을 경주에 머무르게 했으며, 어떤 지역에서 영향력을 지닌 세력을 다른 지역으로 이주 시키기도 했습니다. 이로써 통일신라는 차츰 안정된 통일 국가로 뿌리내려 갔습니다.

성덕왕에 이르러 통일신라는 정치와 경제와 문화, 모든 면에서 화려하게 빛났습니다. 성덕왕은 정부 기구를 더 늘리고 세금 제도를 다듬어서 왕권을 강화했습니다. 또 당나라와 다시 외교 관계를 맺고 당나라 문물을 받아들였습니다. 귀족들에게 유교를 알렸으며, 오랜 가뭄으로 백성들이 굶주리자 나라 곳간을 열어 곡식을 나누어 주기도 했습니다.

통일신라는 경주를 '금성'이라 부르며 그대로 도읍으로 삼았습니다. 왜 한강 유역이나 영토의 중앙으로 도읍을 옮기지 않았을까요? 통일신라 지배층은 대대로 경주에 뿌리를 내리고 세력을 키워 왔습니다. 그들은 통일을 이루면서 자신감이 넘쳐났고, 부처님이 경주를 특별히 보호해 준다고 여겼습니다. 그러니 굳이 도읍을 옮기기보다는 경주를 가꾸고 키우는 데 힘을 기울였습니다.

경주 곳곳에는 궁성을 비롯해서 온갖 화려한 사찰과 귀족들의 저택이 들어섰습니다. 경주는 많은 사람들이 모여 사는 도시가 되었고, 중국과 일본은 물론이고 멀리 아랍의 상인들과도 무역을 하는 국제도시로 발돋움했습니다.

통일신라시대 백성들은 삼국시대처럼 전쟁에 시달릴 일이 없었습니다. 덕분에 백성들은 농사를 짓고 살림을 꾸려 가는 데 힘을 쏟을 수 있었습니다. 일부 지역에서는 논에서 벼를 기르고, 저수지에 물을 가두었다가 필요한 때에 흘려보내고, 소를 이용해서 땅을 일구는 농사법이 알려져 있었습니다. 그렇지만 이런 농사법

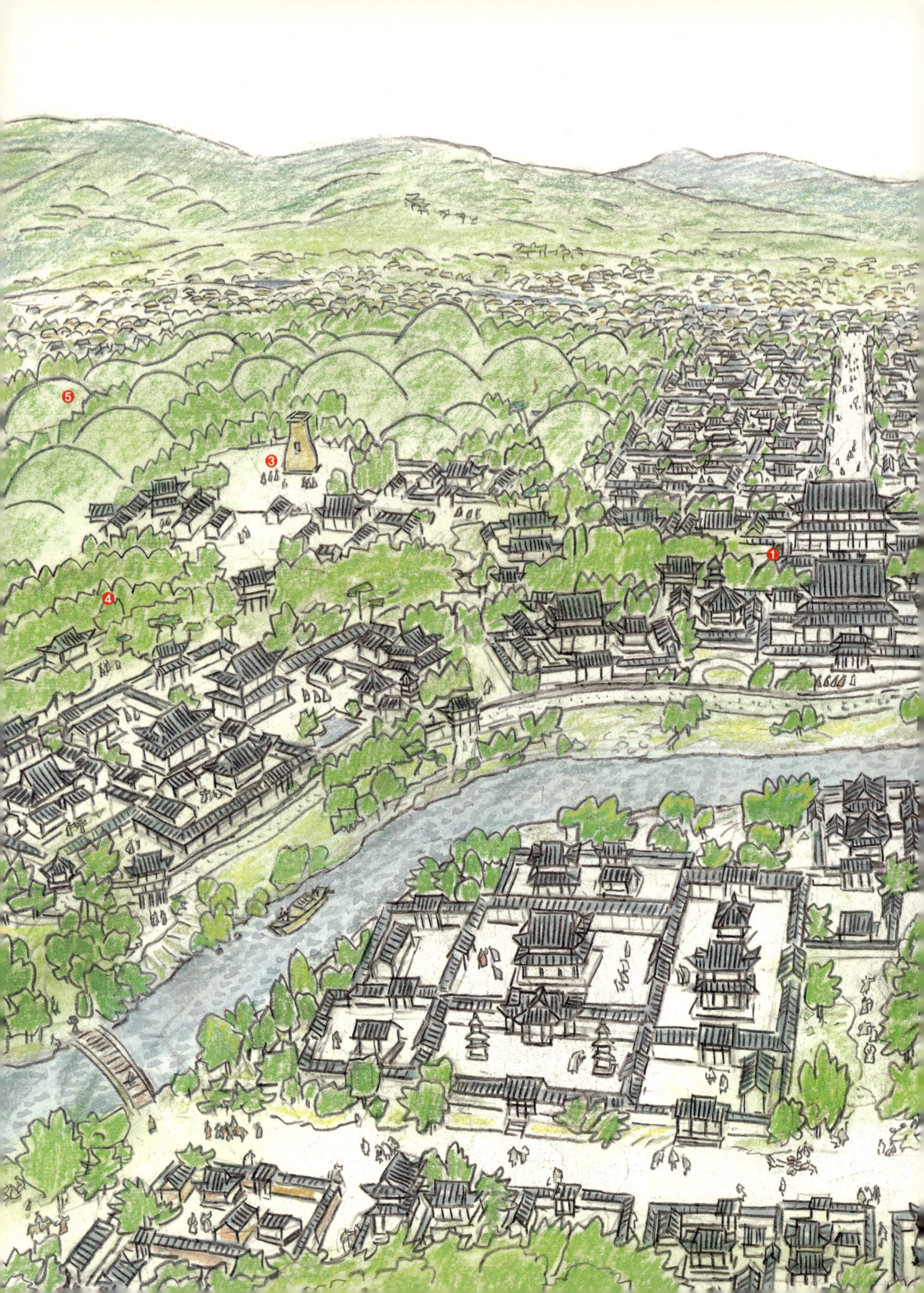

감은사와 동해 바다 용

태종무열왕의 뒤를 이은 문무왕은 백제와 고구려를 무너뜨리고, 당나라까지 몰아내면서 마침내 삼국을 통일했습니다.

문무왕은 대종천이 동해 바다로 흘러드는 경주 양북에 감은사를 지었습니다. 부처님의 힘을 빌려 왜가 통일신라를 넘보지 못하게 하려는 뜻이 담겨 있었습니다.

문무왕은 감은사를 다 짓기 전에 죽음을 맞이했습니다. 죽음을 앞둔 문무왕은 용이 되어 동해 바다를 지킬 테니, 불교 예법에 따라 화장을 한 뒤 동해 바다에 묻어 달라고 했습니다. 아들 신문왕은 아버지의 유언에 따랐습니다.

감은사 3층석탑(위)과 대왕암(문무왕릉)

경주 감포 앞바다에 있는 대왕암이 바로 문무왕의 무덤입니다.

신문왕은 감은사를 마저 완성했습니다. 이때 신문왕은 부처님을 모시는 금당 아래에 바닷물과 통하는 물길을 만들어 놓았습니다. 동해 바다 용이 이 물길을 따라 감은사에 드나들기를 바랐을 것입니다. 감은사는 언제인가 모두 무너지고, 지금은 3층석탑 두 개만이 빈 터를 지키고 있습니다.

석굴암 경주 동쪽, 동해 바다가 보이는 토함산 중턱에 바위굴을 파서 만든 작은 사찰(암자)입니다. 경덕왕 때 귀족 관료 김대성이 설계하고, 20여 년에 걸쳐 완성되었습니다. 통일신라의 건축 기술과 불교 예술이 한데 어우러진 유물입니다.

이 전국적으로 널리 퍼져 있지는 않았고, 또 땅에 거름을 주거나 씨앗을 개량하는 농사법에도 아직 서툴렀습니다.

  통일신라 백성들은 크게 세 종류의 세금을 내야 했습니다. 첫째는 토지에 매겨진 세금입니다. 농민들은 토지에서 나오는 생산량의 10분의 1 정도를 세금으로 냈습니다. 둘째는 인구수에 따라 매겨진 양만큼 지역의 특산물을 바치는 공납입니다. 왕실과 중앙 정부가 필요한 각종 물품들이 각 지역에 배당되었습니다. 셋째는 성인 남성이 국가에 바쳐야 하는 노동력(역)입니다. 16~60세의 남성은 군대에 가거나 국가의 토목 공사에 동원되거나 각종 세금을 운송하는 일을 해야 했습니다. 이처럼 많은 세금은 백성들에게 큰 부담으로 다가왔습니다.

발해의 건국과 발전

통일신라가 대동강 남쪽을 아우르며 국가 체제를 정비하고 있을 때였습니다. 당나라가 다스리던 옛 고구려 영토에서 뭔가 심상치 않은 움직임이 일어났습니다. 요서(요하강 서쪽) 지역에서 유목 민족인 거란이 당나라에 불만을 품고 반란을 일으킨 것입니다. 반란은 이듬해까지 이어졌지만 결국 당나라에 무릎을 꿇고 말았습니다.

그런데 이 혼란을 틈타서 대조영이 이끄는 옛 고구려 백성과 걸사비우가 이끌던 말갈족 백성들이 빠르게 동쪽으로 이동했습니다. 당나라의 지배를 벗어나서 새로운 나라를 세우려고 한 것입니다. 뒤늦게 낌새를 알아챈 당나라군이 뒤를 쫓았습니다. 쫓고 쫓기는 추격전이 이어지면서 말갈족을 이끌던 걸사비우가 죽었

상경성 우물 유적 발해의 도읍 상경성은 오늘날 중국 헤이룽장(흑룡강)성 닝안(영안)시에 자리 잡았던 것으로 보입니다. 상경성의 옛 모습은 대부분 사라지고 몇몇 유적만 남아 있습니다.

습니다. 하지만 고구려와 말갈족 백성들은 흐트러지지 않고 오히려 대조영의 지도 아래 더 단단하게 뭉쳤습니다. 마침내 대조영 세력은 당나라군을 길림성 천문령에서 크게 무찔렀습니다. 그러고는 698년에 길림성 동모산에 도읍을 정하고 나라를 세웠습니다. 발해가 처음 나라를 세운 순간입니다.

발해는 당나라의 손아귀에서 벗어나 나라를 세웠지만, 국가의 모습을 갖추는 데는 많은 시간과 노력이 필요했습니다. 대조영은 국가 체제를 정비하고 주변 나라와 외교 관계를 맺으면서 당나라의 침략에 대비했습니다.

대조영의 뒤를 이은 무왕은 본격적으로 영토 전쟁에 나섰습니다. 무왕은 거침없이 내달려 고구려 영토 대부분을 손아귀에 넣었습니다. 당황한 당나라는 말갈의 한 부족인 흑수말갈과 통일신라를 끌어들여 발해를 공격했습니다. 발해도 돌궐·거란·일본과 손잡고 이에 맞섰습니다. 동북아시아 지역을 둘러싸고 다시 국

발해 석등 발해 상경 유적에는 절터가 열 곳 남짓 있습니다. 그중 한 절터에 발해 때 만들어진 석등 하나가 오늘날까지 제자리를 지키고 있습니다. 석등 뒤 건물은 청나라 때 지어진 사찰입니다.

발해의 성장 9세기 무렵 한반도 북부와 동북아시아 지역에서 크게 영토를 넓힌 발해는 중앙 정부와 지방 행정 구역을 정비해 나라의 기틀을 다졌습니다.

제 전쟁이 시작된 것입니다. 이때 통일신라는 왜 당나라와 손을 잡았을까요? 통일신라는 대동강 유역까지 세력을 뻗친 발해가 적잖이 신경 쓰이던 터였습니다. 그런데 마침 당나라에서 함께 발해를 공격하자고 제안해 온 것입니다. 통일신라는 당나라와 한반도 통일을 이루는 과정에서 사이가 틀어졌습니다. 하지만 당나라의 영향력을 생각하면 관계를 개선할 필요가 있었습니다. 통일신라로서는 발해를 억누르고, 당나라와 다시 외교 관계를 맺을 수 있는 좋은 기회였습니다.

발해와 당나라·신라는 동북아시아 곳곳에서 싸움을 벌였습니다. 이들의 전쟁은 발해 편을 들던 거란이 당나라에 크게 패한 뒤에야 끝났습니다. 발해와 연합했던 거란이 무너지자 무왕은 더 이상 전쟁을 벌이지 않겠다고 약속하고 물러섰습니다. 하지만 발해는 이미 넓은 영토를 거머쥔 뒤였습니다. 당나라는 전쟁을 계속하기보다는 발해를 인정하고 외교 관계를 맺는 쪽을 선택했습니다.

무왕의 뒤를 이은 문왕은 당나라의 제도와 문물을 적극 받아들였으며, 이를 바

발해의 중앙 정부

탕으로 넓은 영토를 다스리기에 알맞은 국가 체제를 갖추었습니다. 먼저 중앙 정부 조직을 3성 6부로 정비하고, 관리들을 9품계로 나누었습니다. 또 도읍을 여러 번 옮겨 발해 곳곳을 발전시켰습니다. 다섯 곳의 도읍(5경) 가운데 북쪽에 위치해서 말갈족을 통치하기에 적당한 상경이 가장 중요시되었습니다. 상경은 이후 발해가 멸망할 때까지 중심 도읍으로 자리 잡았습니다. 문왕 때의 이런 노력을 통해 발해는 안정적인 고대국가로 자리매김할 수 있었습니다.

하지만 문왕이 죽은 뒤 발해는 한동안 심각한 혼란에 빠졌습니다. 25년 동안 왕이 무려 여섯 번이나 바뀐 것입니다. 그 이유를 정확히 알 수 없지만, 아마도 발해를 이루던 여러 세력 사이의 다툼 때문이었을 것입니다.

경주 귀족과 장보고

통일신라는 안정적이고 평화로운 시절을 그리 오래 누리지 못했습니다. 성덕왕을 끝으로 경주 귀족들은 앞다투어 욕심을 부리며 세력을 키웠습니다. 귀족들은 농민들의 토지를 억지로 빼앗았습니다. 토지를 빼앗긴 농민들은 터전을 잃고 떠돌아다니거나 노비가 되어야 했습니다. 귀족들은 집을 금으로 칠하고, 온갖 보물로 치장을 하고, 잔치를 벌였습니다. 그들은 나라를 제대로 다스리는 일에 관심이 없고, 그저 자신의 세력을 키우려고 권력 다툼을 벌일 뿐이었습니다. 심지어 스스로 왕이 되려고 반란을 일으키기도 했습니다.

진골 귀족은 어떻게 권력을 마음대로 주무를 수 있었을까요? 왕들은 왜 제대로 진골 세력을 억누르지 못했을까요? 사실 성골 왕족은 진덕여왕을 끝으로 자손이 끊겼습니다. 진덕여왕의 뒤를 이은 김춘추, 즉 무열왕은 진골 출신으로, 화백회의의 결정에 따라 왕위에 올랐습니다. 따라서 무열왕부터는 제아무리 왕권을 강화하려고 해도 진골 귀족의 입김에서 벗어날 수 없었습니다.

혜공왕 때 왕권이 얼마나 약화되었는지를 보여 주는 사건이 벌어졌습니다. 성덕왕 때 반란을 일으켰다가 쫓겨났던 김양상이 상대등(화백회의 우두머리)에 오른 것입니다. 반란을 일으키고도 다시 상대등이 되었다는 건 그만큼 귀족 세력이 권력을 거머쥐었다는 뜻입니다. 마침내 김양상은 혜공왕을 죽이고 스스로 왕위에 오릅니다. 하지만 그도 얼마 못 가 병으로 죽고 말았습니다. 그 뒤로도 여러 귀족 세력이 번갈아 왕위에 오르지만 재위 기간은 평균 10년에도 미치지 못했습니다. 대부분 귀족 세력의 권력 다툼에 휩싸여 목숨을 잃었기 때문입니다.

9세기 들어서도 경주 귀족들은 권력 다툼에 바빴고 왕위를 둘러싼 싸움은 계속 이어졌습니다. 왕실과 중앙 정부가 정치를 제대로 돌보지 않자 백성들은 가난

포석정 터 포석정은 경주 남산 북서쪽 자락의 별궁 정원에 있던 정자입니다. 정자는 없어지고 오늘날에는 돌로 만든 물길만 남았습니다. 포석정은 왕과 귀족들이 잔치를 벌이던 곳이라고 알려졌지만, 최근에는 제사를 지내던 곳이라는 주장도 있습니다.

에 허덕이며 분노로 들끓었습니다.

이 시기에 당나라 역시 혼란을 겪고 있었습니다. 안사의 난이 벌어지고 난 뒤 지방 곳곳에서 새로운 세력이 나타나 나라를 세운 것입니다. 일본 역시 중앙 정부의 힘이 약해져 있었습니다. 고대 동아시아의 대외 무역은 정부가 주도했지만, 세 나라의 중앙 정부가 힘을 잃자 이를 대신할 세력이 등장했습니다.

그즈음 남해의 작은 섬에서 한 아이가 태어났습니다. 이 아이는 어려서부터 무술과 수영 실력이 남달랐습니다. 아이는 무럭무럭 자라 청년이 되었지만 엄격한 신분 사회인 통일신라에서는 아무런 꿈도 펼칠 수 없었습니다. 청년은 당나라로 건너가 군대에 들어갔습니다. 그러고는 갖은 노력 끝에 능력을 인정받아 지휘관 자리에까지 올랐습니다. 바로 장보고입니다.

비록 정치 상황이 혼란스럽기는 했지만 당나라는 여전히 세계에서 가장 강력

청해진 장보고가 전라남도 완도 앞바다의 장도에 세운 군사 시설.

당나라 속 신라 마을, 신라방

통일신라와 당나라는 삼국을 통일하면서 사이가 틀어져 한동안 소원한 상태였습니다. 그러다가 8세기에 당나라가 발해와 맞서기 위해 통일신라를 끌어들이면서 다시 관계를 맺었습니다. 통일신라 정부는 당나라에 사신을 보내 조공을 바치고, 승려와 학생을 보내 불교와 유학을 배워 오게 했습니다.

두 나라 사이에 무역도 눈에 띄게 늘어났습니다. 당시 한반도 북부 지역은 발해가 가로막고 있어서, 통일신라는 대부분 바닷길로 당나라와 교류했습니다. 이때 주요 바닷길로는 전라도 영암에서 상해를 잇는 길과 경기도 남양만과 산동반도를 잇는 길이 있었습니다. 따라서 통일신라 사람들은 자연스레 산동반도, 상해 지역에 몰렸습니다. 당나라는 통일신라 사람들을 도성의 변두리에 한데 모여 살게 했습니다. 이들이 모여 살던 지역을 신라방이라고 합니다.

신라방에는 물건을 사고팔던 상인이 가장 많았고, 가난을 벗어나려고 무작정 바다를 건너간 사람들도 적지 않았습니다. 또 신라가 삼국을 통일할 때 건너온 옛 백제와 고구려의 백성들도 있었습니다. 이처럼 신라방은 저마다 사연을 품고 모인 사람들로 북적거렸습니다. 나아가 신라방에는 행정 업무를 담당하는 신라소, 신라 사람들에게 잠자리와 식사를 제공하는 신라관, 불교 사찰인 신라원도 있었습니다. 신라방은 당나라 안에 있는 신라 사람들의 자치 구역이었던 셈입니다.

법화원 장보고가 신라방이 있던 산동반도 적산에 세운 사찰.

한 힘을 지닌 제국이었으며, 비단길과 바닷길을 통해 서양 세계와 경제·문화를 교류하고 있었습니다. 덕분에 장보고는 자연스레 세계 문물을 경험할 수 있었습니다. 그때 당나라에는 신라 사람들이 많이 머물렀는데, 장보고는 그들과도 친분을 나누며 나라 사정을 익혔습니다. 당나라 군대의 지휘관까지 오른 장보고는 828년에 통일신라로 돌아와 흥덕왕을 만났습니다. 그러고는 자기 경험과 계획을 밝혔습니다.

"중국을 두루 돌아보니 해적들에게 잡혀 와 노비가 된 신라 백성이 많았습니

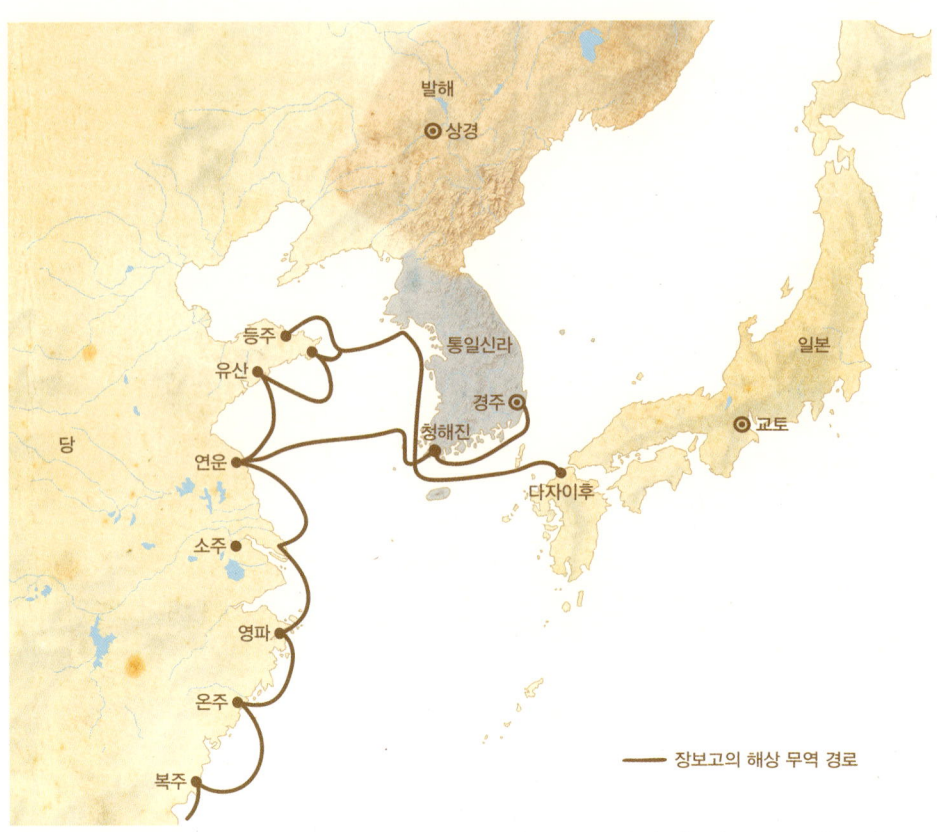

장보고의 해상 무역 장보고는 청해진을 세워 해적을 몰아냈습니다. 또 중국과 일본을 잇는 국제 무역을 통해 큰 이익을 남겼습니다.

다. 허락해 주신다면, 완도 청해에 진영을 만들어서 해적들이 신라 백성을 붙잡아 가지 못하게 막겠습니다."

장보고의 요청을 받아들인 흥덕왕은 장보고에게 군사 1만 명을 주어 청해진을 설치하고 그곳을 지휘하게 했습니다. 장보고는 빼어난 능력으로 군대를 훈련시켜서 해적들을 몰아냈습니다. 그러고는 당나라-통일신라-왜를 잇는 바닷길을 휘어잡았습니다. 이제 이 바닷길을 거치는 모든 배는 장보고 군대의 보호를 받았으며, 그 대가로 통행료를 냈습니다. 나아가 장보고는 해상 중계 무역에 직접 뛰어들었습니다. 통일신라의 비단과 금은 세공품을 당나라에 가져다 팔고, 당나라의 도자기와 붓과 종이를 왜에 가져가 큰 이익을 남겼습니다. 장보고의 무역선에는 멀리 아라비아의 유리 제품과 향신료도 실려 있었습니다.

어느덧 장보고는 당나라와 왜에 따로 외교 사신을 보낼 정도로 강력한 해양 세력이 되었습니다. 장보고 세력은 통일신라 정부와 거리를 두고 독자적으로 활동했습니다. 그도 그럴 것이 장보고는 가난한 집안에서 태어나 당나라에서 자라고 스스로 세력을 키운 인물입니다. 그런 장보고에게는 정부의 간섭이 거추장스럽게 여겨졌을 것입니다. 장보고는 당나라 산동에 큰 사찰을 지어 그곳에 사는 신라 사람들의 마음을 다독여 주기도 했습니다.

그런데 흥덕왕이 죽고 다시 왕위를 둘러싼 싸움이 벌어지면서 장보고까지 그 소용돌이에 휩싸였습니다. 권력 다툼에서 패배한 김우징 세력이 장보고에게 도망쳐 온 것입니다. 장보고는 김우징을 불쌍히 여겨 거두어 주었습니다. 그런데 얼마 뒤에 또 다른 세력이 왕을 죽이고 새 왕이 자리에 올랐습니다. 그러자 김우징은 장보고에게 왕을 죽인 반란 세력을 몰아내자고 제안했습니다. 장보고는 군대를 내주었고, 김우징은 그길로 경주로 쳐들어가서 스스로 왕위에 올랐습니다. 신라 45대 신무왕입니다.

장보고 군대의 위력을 경험한 귀족들은 깜짝 놀랐습니다. 장보고가 내일이라도 쳐들어와 자기들 목숨을 빼앗을 것만 같았습니다. 때마침 장보고를 믿고 의지하던 신무왕이 왕위에 오른 지 몇 달 뒤 병으로 죽었습니다. 이 틈을 노린 귀족들은 장보고를 없애기 위해 한때 장보고의 부하로 지내던 염장을 청해진으로 보냈습니다. 염장은 잔치를 벌인 다음 장보고가 빈틈을 보이자 곧장 달려들어 죽였습니다. 장보고가 죽자 귀족들은 군대를 보내 청해진을 아예 무너뜨렸습니다.

이로써 동아시아의 바다를 누비며 큰 영향력을 발휘하던 해양 세력이 사라졌습니다. 장보고의 활약과 죽음은 통일신라 지배층이 더 이상 나라를 다스릴 힘도 의지도 없다는 사실을 또렷이 보여 주었습니다. 통일신라의 무능함을 엿본 백성과 지역 호족들은 너나없이 꿈틀대기 시작했습니다.

호족은 지역에서 대대로 뿌리를 내리며 넓은 토지를 소유하고 있었습니다. 통일신라 정부의 영향력이 약해지자 호족들은 군대(사병)를 모으고 지역 백성들에게 세금을 걷으면서 더욱 힘을 키웠습니다. 그들은 심지어 스스로 왕 자리에 올라 통일신라와 힘을 겨루기도 했습니다. 후삼국시대를 이끈 견훤, 궁예, 왕건 또한 호족 출신이거나 호족 세력을 등에 업고 성장했습니다.

발해의 멸망

통일신라가 귀족들의 권력 다툼으로 힘을 잃어 갈 무렵 발해도 오랫동안 혼란을 겪고 있었습니다. 문왕이 죽은 뒤 25년 동안 왕이 여섯 번이나 바뀐 것입니다.

발해는 818년에 선왕이 왕위에 오른 뒤에야 안정을 되찾았습니다. 선왕은 다

통일신라 말기 유학자 최치원

857년에 경주의 6두품 집안에서 태어난 최치원은 어린 나이에 이미 신동으로 소문이 자자했습니다. 열두 살에 당나라로 유학을 떠나, 7년 만에 과거에 합격한 뒤 당나라 관료로 일하던 최치원은 스물아홉 살에 통일신라로 돌아왔습니다.

최치원은 기울어 가는 통일신라가 당장 개혁해야 할 열 가지 사안(시무10조)을 적어 진성여왕에게 바쳤습니다. 이 시무10조에는 왕이 어질게 백성을 다스리고, 능력 있는 인재를 관료로 뽑고, 사치를 없애고, 농업을 널리 북돋아야 한다는 등의 내용이 담겨 있습니다. 귀족 중심의 정치를 하지말고, 유교를 바탕으로 백성들을 위한 정치를 펼쳐야 한다는 뜻이었습니다. 하지만 진성여왕과 최치원의 개혁 정치는 귀족들의 거센 반대로 뜻을 이루지 못했습니다. 최치원은 크게 실망하고 산속으로 들어가 다시는 세상 밖으로 나오지 않았습니다. 최치원은 빼어난 문장가로도 이름이 높았습니다. 최치원이 당나라에서 지낼 때 고향을 그리워하면서 지은 시를 감상해 볼까요?

최치원

비 내리는 가을밤에

가을바람에 괴로이 읊조리니

세상에 나를 알아주는 이 없네.

창밖엔 밤 깊도록 비만 내리는데

등불 앞 마음은 만 리 밖을 내닫네.

시 영토 전쟁을 벌이며 고구려 영토 대부분을 되찾았습니다. 발해는 북쪽으로는 흑룡강(헤이룽강, 아무르강), 서쪽으로는 요하강, 남쪽으로는 대동강 유역까지 진출했습니다. 그런 다음 선왕은 관료 제도와 지방 제도를 정비해서 나라를 안정시켰습니다. 또 당나라, 일본과 외교 관계를 맺고 무역도 크게 발전시켰습니다.

다음 왕인 대이진 때는 당나라에 많은 유학생을 보내는 등 적극적으로 문화를 교류했습니다. 당나라로부터 '해동성국', 곧 '바다 동쪽의 성대한 나라'라는 평가를 받을 정도였습니다. 이처럼 발해는 9세기에 정치·경제·문화 등에서 화려하게 꽃을 피웠습니다.

하지만 926년 거란족이 쳐들어오자 발해는 힘 한번 못 쓰고 무릎을 꿇었습니다. 동북아시아와 한반도 북부 지역을 주름잡던 발해는 왜 이처럼 빠르게 무너졌을까요?

역사학자들은 발해 내부에서 다시 큰 권력 다툼이 일어나 거란족의 공격에 제대로 맞서지 못했을 것이라고 짐작합니다. 또 누군가는 백두산 화산이 크게 폭발하면서 발해가 크게 피해를 입었기 때문이라고 주장하기도 합니다.

하지만 발해와 관련된 기록이 거의 남아 있지 않고 발굴 조사 등도 제대로 이루어지지 않아서 이런 주장을 뒷받침할 만한 역사 자료가 부족합니다. 그렇다 보니 발해가 멸망한 이유는 오늘날까지 제대로 밝혀지지 않았습니다.

조선시대의 실학자 유득공은 1789년에 발해의 역사를 다룬 《발해고》를 펴냈습니다. 이 책에서 유득공은 통일신라를 '남국'으로, 발해를 '북국'으로 부르고 있습니다. 후대의 역사학자들은 유득공의 생각을 이어받아 통일신라와 발해가 양립하던 시기를 '남북국시대'라고 부르기도 합니다.

후삼국의 통일 전쟁

경주 귀족들은 장보고에게 혼쭐이 난 뒤에도 정신을 차리지 못했습니다. 왕은 여전히 몇 해를 버티지 못했고, 세금이 제대로 걷히지 않아 나라 살림은 바닥을 드러냈습니다. 백성들은 터전을 잃고 떠돌다가 굶주려 죽거나 도적이 되었습니다.

그러다 진성여왕 때 사벌주(경상북도 상주)에서 농민들이 반란을 일으켰습니다. 진성여왕이 군대를 보냈지만 아무도 반란 세력과 싸우려고 하지 않았습니다. 그만큼 반란 세력의 규모가 컸고 정규군이 보잘것없었기 때문입니다. 통일신라의 왕실과 정부는 이미 돌이킬 수 없이 힘을 잃은 상태였습니다. 그러자 나라 곳곳에서 호족과 백성들이 들고 일어섰습니다. 그중에서 명주(강원도) 일대에서 세력을 모은 궁예, 무주(전라남도)와 전주(전라북도)에서 세력을 일으킨 견훤이 가장 도

후백제 왕궁터 견훤은 완산주(전라북도 전주)에 도읍을 세우고 스스로 후백제의 왕 자리에 올랐습니다. 전라북도 전주 동고산성.

드라졌습니다.

견훤은 경상도에서 태어나 군인이 되었는데 남달리 빼어난 힘과 무술로 지휘관 자리에 올랐습니다. 이때부터 견훤은 통일신라가 더 이상 희망이 없다고 판단하고 새로운 나라를 세우려는 뜻을 품었을 것입니다. 892년 군대를 일으킨 견훤은 가는 곳마다 백성들의 지지를 받으며 무진주(전라남도 광주)에 자리를 잡고 나라를 세웠습니다.

견훤은 왜 무진주에 나라를 세웠을까요? 아직은 도읍 경주와 가까운 지역에 터를 잡을 만큼 세력이 크지 않았고, 또 옛 백제 지역 백성들이 통일신라 지배층에 크게 불만을 품고 있다는 사실을 눈치챘기 때문입니다. 견훤은 옛 백제를 그리워하는 백성들 마음을 읽고 나라 이름을 '후백제'라고 지었습니다. 후백제가 세

궁예 도성터 궁예가 905년에 세운 태봉(후고구려)의 도성 터. 현재 강원도 철원의 비무장 지대 안에 있어서 일반인은 출입할 수 없습니다. 1920년대 촬영 사진.

워졌다는 소식을 듣고 웅주(충청도) 지역 호족들까지 견훤 아래로 모여들었습니다. 견훤은 완산주(전라북도 전주)로 도읍을 옮기고 옛 백제 영토의 대부분을 다스렸습니다.

궁예는 통일신라의 왕족 출신이라고 알려졌습니다. 궁예가 아기였을 때 왕위를 둘러싼 싸움에 휘말려 죽을 뻔했는데 유모가 구해 주었다는 이야기가 전합니다. 궁예는 한쪽 눈이 안 보였는데, 궁궐에서 도망 나올 때 유모가 실수로 눈을 찔러 그리 되었다는 이야기도 있습니다. 궁예는 젊은 시절에 승려가 되었지만 혼란스런 사회를 보며 뜻을 품고 절을 뛰쳐나왔습니다. 그러고는 북원(강원도 원주) 지역에서 반란을 일으킨 양길의 부하가 되었습니다. 궁예는 얼마 지나지 않아 빼어난 정치력으로 양길을 넘어섰습니다.

궁예는 스스로를 미륵불이라고 했습니다. 불교에서는 부처 다음으로 미륵불이 세상에 나타나 백성을 구원한다고 알려져 있습니다. 미륵불이 나타났다는 소식에 백성들이 구름처럼 몰려들었습니다. 궁예는 순식간에 삭주와 한주(강원도·황해도·경기도) 유역까지 세력을 넓혔습니다. 이때 송악(황해도 개성)의 호족 세력이던 왕건도 궁예의 부하가 되었습니다. 901년 궁예는 후고구려를 세우고 송악을 도읍으로 삼았습니다. 905년에는 나라 이름을 '태봉'으로 고치고 도읍을 철성(강원도 철원)으로 옮겼습니다.

백성들을 잘 보살피던 궁예는 점점 사치를 일삼고 성질이 사나워졌습니다. 궁 밖으로 나갈 때는 금관을 쓰고 금으로 장식한 말안장을 얹고 수많은 신하들을 뒤따르게 했습니다. 여러 장수와 신하를 함부로 죽이기도 했습니다. 궁예를 비난하는 목소리가 높아지자 왕건은 여러 호족들과 힘을 합쳐 궁예를 몰아냈습니다. 그러고는 후고구려 세력을 이끄는 자리에 올랐습니다.

후백제, 후고구려가 들어서면서 통일신라는 통일 국가로서의 모습을 잃었습니

후삼국 대립 10세기 들어 통일신라 지배층은 권력 다툼과 사치 향락에 빠져 나라를 제대로 다스리지 못했습니다. 이 틈에 견훤은 후백제를, 궁예는 후고구려(태봉)를 세웠습니다.

다. 통일신라 정부의 영향력이 미치는 곳은 경주를 비롯한 경상도 일부 지역뿐이었습니다. 후삼국시대가 시작된 것입니다.

후삼국 가운데 견훤의 후백제가 가장 빠르게 움직였습니다. 920년, 견훤은 군대를 이끌고 통일신라를 공격했습니다. 통일신라 군대는 이미 싸울 의지를 잃고 별다른 저항 없이 길을 터 주었습니다. 견훤의 군대는 곧장 경주 궁성으로 쳐들어갔습니다. 그러고는 경애왕을 죽이고 경순왕을 새로운 왕으로 세웠습니다. 이로써 신라는 견훤의 지배 아래 놓이게 되었습니다.

한편 왕건은 918년 왕 자리에 오른 다음 송악으로 도읍을 옮기고 나라 이름을 고려로 바꾸었습니다. 후백제 견훤이 920년에 통일신라를 공격하자 통일신라는 왕건에게 견훤을 물리쳐 달라고 요청했습니다. 왕건은 통일신라를 돕기 위해 군대를 이끌고 나섰습니다.

경주로 향하던 왕건의 군대는 공산(팔공산, 경상북도 대구)에서 숨어 기다리고 있던 후백제군에게 기습을 당했습니다. 전투는 후백제군의 일방적인 승리로 끝났습니다. 신숭겸, 김낙 등 왕건의 부하들이 목숨을 걸고 싸우는 사이에 왕건은 겨우 도망쳐 나올 수 있었습니다. 그 뒤로 한동안 견훤의 후백제는 왕건의 고려를 밀어붙였습니다.

하지만 929년 경상북도 의성 전투부터 분위기가 조금씩 바뀌었습니다. 견훤은 오직 전투에서 승리하기 위해 부하들을 심하게 다그쳤습니다. 반대로 왕건은 품이 넓고 부드럽다고 알려졌습니다. 여러 호족 세력을 끌어들여서 하나로 묶어 내는 정치력도 뛰어났습니다. 견훤의 냉정하고 무서운 모습에 겁을 먹은 부하들은 하나둘 도망쳐서 왕건에게 항복했습니다. 통일신라의 경순왕도 935년에 왕건에게 나라를 바쳤습니다.

견훤은 조금씩 힘을 잃고 왕건에게 밀리기 시작했습니다. 여기에 결정적으로

신라의 마지막 왕자, 마의태자

경순왕은 후백제 견훤이 경애왕을 죽이고 그 자리에 대신 세운 왕입니다. 이즈음 통일신라는 영토 대부분을 후백제와 후고구려에게 빼앗기고 겨우 경주 도읍만 근근이 지키고 있었습니다. 변변치 못한 군대로 전쟁을 벌였다가는 오히려 더 깊은 상처만 받을 게 뻔했습니다.

경순왕은 935년에 통일신라 왕실과 영토를 왕건에게 바쳤습니다. 경순왕은 왜 견훤이 아니라 왕건을 선택했을까요? 견훤은 경주에 쳐들어갔을 때 닥치는 대로 왕족과 귀족을 죽였습니다. 이에 비해 왕건은 경순왕과 신라 왕실을 대우해 주었습니다. 그러니 경순왕이 왕건에게 마음이 기우는 건 당연했습니다.

한편, 통일신라가 운명을 다하던 날 한 사내가 경주 도성을 빠져나왔습니다. 바로 경순왕의 큰아들 마의태자입니다. 마의태자는 왕건에게 항복하려던 경순왕의 생각을 마지막까지 되돌려 보고자 했습니다.

"나라의 운명이 하늘의 뜻에 달려 있기는 하지만 신하들과 함께 백성 마음을 어루만지고 힘을 모아 나라를 지키려고 노력한 뒤에 그만두어도 늦지 않습니다. 어찌 천 년 동안 지켜 온 나라를 하루아침에 남에게 주려고 하십니까?"

하지만 기울대로 기울어진 통일신라는 선택의 여지가 없었고, 경순왕은 끝내 왕건에게 신라를 바치고 말았습니다. 마의태자는 금강산으로 들어가 삼베옷을 입고 풀을 먹으며 세상과 인연을 끊었습니다. 마의태자의 이름에 붙여진 '마의'는 삼베옷을 뜻합니다. 한 나라의 왕이 될 수도 있었던 마의태자는 쓸쓸히 통일신라와 운명을 같이했습니다.

견훤을 어려움에 빠뜨린 사건이 일어났습니다. 견훤은 넷째 아들에게 왕위를 물려주려 했습니다. 그러자 나머지 세 아들이 반란을 일으켜서 견훤을 김제의 금산사에 가두어 버린 것입니다. 견훤은 이빨 빠진 호랑이 신세가 되었습니다.

금산사에 갇혀 있던 견훤은 가까스로 빠져나와 왕건에게 도망쳤습니다. 그러고는 한때 한반도의 주인 자리를 놓고 맞서던 적에게 자기 아들들을 물리쳐 달라고 부탁했습니다. 왕건은 예의를 갖추어 견훤을 따뜻하게 맞이해 주었습니다. 그 소식에 더 많은 세력들이 고려로 넘어왔습니다. 견훤은 고려 군대를 이끌고 후백제 공격에 앞장섰습니다. 이미 힘을 잃은 후백제군은 고려군의 상대가 되지 않았습니다. 936년 후백제 멸망을 끝으로 후삼국시대는 끝을 맺었습니다.

돌이켜 보면 통일신라는 한반도의 첫 통일 국가로서 큰 발자취를 남겼습니다. 하지만 통일신라의 지배층인 귀족 세력은 권력 다툼에 빠져 백성들을 제대로 다스리지 못했습니다. 여기에 불만을 품은 백성들이 반란을 일으켰고, 여러 호족 세력이 등장했습니다. 견훤의 후백제와 궁예·왕건의 후고구려는 백성과 호족의 지지를 등에 업고 힘을 키울 수 있었습니다. 그리고 후삼국의 혼란스럽던 시기에 여러 세력을 가장 넉넉하게 품어 안은 왕건이 한반도의 새로운 주인공이 되었습니다. 이제 새로운 통일 국가, 고려의 시대가 열렸습니다.

고구려 유민 이정기

우리 역사에서 장보고는 무척 독특한 인물로 평가받습니다. 장보고는 이름 없는 집안에서 태어나 오직 자신의 힘으로 장군이 되었습니다. 나아가 완도 청해진을 중심으로 거대한 세력을 키웠으며, 마침내 경주의 왕족과 귀족들을 쥐락펴락할 정도로 영향력을 떨쳤습니다.

장보고는 또한 뛰어난 사업가였습니다. 장보고는 국제 무역의 흐름을 꿰뚫고 조절하고 계획했습니다. 장보고는 어떻게 '해상왕'으로 이름을 떨칠 수 있었을까요? 이 궁금증을 풀려면 먼저 제나라 왕 이정기와의 인연을 알아야 합니다.

장보고는 젊은 시절에 당나라에 건너가 군인이 되었습니다. 당시 당나라는 혼란에 휩싸여 있었습니다. 황제의 권력은 약해지고, 여러 지역의 세력가들이 스스로 나라를 세워 다스렸습니다. 그중에서도 산동반도에 기반을 둔 제나라가 가장 빠르게 세력을 키웠습니다. 제나라는 바로 고구려 유민의 후손인 이정기가 세운 나라입니다.

668년에 고구려가 멸망한 뒤 당나라는 고구려 영토를 차지하고 수많은 고구려 백성을 당나라로 끌고 갔습니다. 이정기는 이때 요동 지역으로 끌려간 고구려 유민의 아들로 태어났습니다. 자라서 당나라의 군인이 된 이정기는 당나라가 혼란한 틈을 타서 고구려 후손들을 중심으로 요동 지역의 군대(평로절도부)를 손에 넣었습니다.

이정기의 2만 군대는 곧장 배를 타고 산동반도로 건너갔습니다. 그러고는 당나라 10만 군대를 순식간에 물리치고, 15개 주를 다스리는 제나라를 세웠습니다. 제나라의 빠른 성장에 놀란 당나라 황제는 이정기에게 높은 관직을 주어 달래려 했습니다. 중국과 한반도 사이의 해상 무역과 외교권을 맡긴 것입니다.

고대 동아시아에서 국가 사이의 무역은 대부분 정부에서 주도했습니다. 각 나라는 필요한 물품을 주고받으며 외교 관계를 다졌습니다. 예를 들어 통일신라가 예의를 갖추어 특산물을 바치면 당나라는 하사품을 내려 보냈습니다. 이처럼 나라 사이의 외교 관계가 유지되어야 일반 장사꾼들도 무역품을 주고받을 수 있었습니다. 물론 이때도 나라의 허락을 받아야 했습니다. 그렇다 보니 해상 무역에 대한 모든 권리를 가지게 된 제나라는 많은 이익을 쌓으며 더욱 세력을 키울 수 있었습니다.

781년 이정기는 군대를 이끌고 당나라 수도 장안으로 쳐들어갔습니다. 제나라군은 당나라군에 크게 승리하기도 했지만, 이정기가 병으로 죽으면서 발길을 돌릴 수밖에 없었습니다. 그 뒤로 제나라는 점차 힘을 잃어 갔습니다. 당나라는 이 틈을 노려 제나라를 공격했습니다. 당나라에서 군인으로 지내던 장보고도 이 전쟁에 참여했습니다. 제나라는 819년에 멸망하고 말았습니다.

제나라가 무너지자 중국과 한반도 사이의 바닷길은 주인을 잃고 혼란에 빠졌습니다. 해상 무역 세력 사이에 다툼이 이어졌고, 그중 일부는 해적질을 일삼기도 했습니다. 이 시기에 장보고는 제나라의 성장과 멸망을 지켜보았으며, 해상 무역의 중요성을 깨달았을 것입니다. 이처럼 장보고가 '해상왕'이 된 데는 이정기의 숨은 공로가 적지 않았습니다.

유물로 보는 역사

불국사

불국사는 법흥왕 때 처음 지어졌고, 경덕왕 때 김대성이 크게 규모를 키워 완성한 것으로 보입니다. 그러니까 6세기에서 8세기에 이르는 (통일)신라 전성기에 세워진 절입니다. 김대성은 불국사와 더불어 석굴암을 지을 때도 책임자로 일했습니다. 김대성은 신라 정부의 관료로만 알려져 있을 뿐, 나머지 생애는 전혀 알 길이 없습니다. 다만 불국사와 석굴암을 빚어 낸 솜씨로 보아 빼어난 예술적인 안목을 갖춘 사람이라는 점은 분명했습니다.

불국사는 임진왜란 때 불타 사라졌습니다. 그 뒤로 조선시대에 몇 차례 조금씩 지어지다가 1970년대에 대대적으로 복원되었습니다. 이때 돌로 만든 건축물은 되살렸지만, 나무로 지은 건물은 남아 있지 않아서 신라시대 건축 양식을 재현하지 못했습니다.

하지만 불국사는 돌로 만들어진 건축물만으로도 세계적인 예술품과 견줄 만한 가치를 지닙니다. 먼저, 대웅전으로 올라가는 길에 계단 모양으로 놓인 다리가 있습니다. 아래가 백운교, 위가 청운교입니다. 불국사는 본디 연못으로 둘러싸여 있고, 청운교와 백운교를 지나 절 안으로 들어갈 수 있었습니다. 백운교와 청운교는 돌을 마치 나무처럼 다듬어 난간을 만들고, 또 다리 아랫부분을 무지개다리로 만들어 놓았습니다.

대웅전 앞뜰에는 석탑 두 개가 나란히 서 있습니다. 서쪽이 석가탑, 동쪽이 다보탑입니다. 석가탑은 아주 간결하고 날렵하며, 다보탑은 화려하고 포근합니다. 두 탑은 모양이 다르면서도 잘 어울려 있습니다. 탑에는 석가모니의 시신에서 나온 돌(사리)이나 중요한 보물이 보관되기도 합니다. 석가탑에서는 세계에서 가장 오래된 목판 인쇄물인《무구정광대다라니경》이 발견되었습니다. 다보탑에 있었을 보물들은 일제 강점기에 일본인들이 탑을 보수하는 과정에서 모두 사라졌습니다.

이 밖에도 대웅전 앞뜰 한가운데 서 있는 석등, 연화교와 칠보교, 불국사를 떠받치고 있는 받침돌 하나하나에 삼국을 통일한 신라의 자랑과 기쁨이 배어 있습니다.

다보탑(위)과 **석가탑**

한국사 연표

500만 년 전	[세] 오스트랄로피테쿠스 등장
70만 년 전	구석기시대 시작
1만 년 전	신석기시대 시작
기원전 3000년경	[세] 이집트·메소포타미아 문명 시작
기원전 2500년경	[아] 인더스·황하 문명 시작
기원전 2333년	단군, 고조선 건국
기원전 1500년경	청동기시대 시작
기원전 1000년경	[세] 그리스 도시국가 형성
기원전 600년경	[아] 석가모니 탄생
기원전 551년경	[아] 공자 탄생
기원전 510년경	[세] 로마 공화정 시작
기원전 400년경	철기시대 시작
기원전 334년	[세] 알렉산드로스 동방 원정
기원전 221년	[아] 진나라 중국 통일
기원전 206년	[아] 한나라 건국
기원전 194년	위만조선 성립
기원전 108년	고조선 멸망, 한군현(한사군) 설치
기원전 57년	박혁거세, 신라 건국
기원전 37년	주몽, 고구려 건국
기원전 27년	[세] 로마 제정 시작
기원전 18년	온조, 백제 건국
기원전 4년	[세] 예수 탄생
기원후 3년	고구려, 국내성으로 도읍 옮김
4년	신라, 남해 차차웅 즉위
42년	가야 시조 김수로 즉위
260년	백제 고이왕, 16관등과 공복 제정
313년	고구려 미천왕, 낙랑군을 쫓아냄 [세] 로마, 크리스트교 공인
372년	고구려 소수림왕, 불교 공인 교육 기관 태학 설립
373년	고구려 소수림왕, 율령 반포
374년	[세] 게르만족 대이동 시작
384년	백제 침류왕, 불교 받아들임
395년	[세] 로마제국 동서로 분열
400년	고구려 광개토대왕, 백제-가야-왜 연합군을 물리치고 신라 구함
427년	고구려 장수왕, 평양으로 도읍 옮김
433년	신라와 백제 동맹 맺음
475년	고구려 장수왕, 백제 공격 백제 문주왕, 웅진으로 도읍 옮김
476년	[세] 서로마제국 멸망
502년	신라 지증왕, 소를 이용한 농사법 전파 순장 금지

• 아시아사는 [아], 세계사는 [세]로 표기

503년	신라 지증왕, 국호를 신라로 바꿈 마립간 칭호를 왕으로 바꿈
520년	신라 법흥왕, 율령 반포
527년	신라, 이차돈 순교로 불교를 국가 종교로 삼음
538년	백제 성왕, 사비로 도읍 옮김
553년	신라 진흥왕, 한강 유역 차지
581년	[아] 수나라 건국
612년	고구려 을지문덕, 살수에서 수나라군 물리침
618년	[아] 당나라 건국
622년	[세] 마호메트, 메카에서 메디나로 이주 (헤지라, 이슬람력 원년)
642년	고구려 연개소문, 영류왕을 죽이고 보장왕을 즉위시킴
645년	고구려, 안시성에서 당나라군 물리침 신라, 황룡사 9층목탑 건립
660년	신라-당나라 연합군, 백제를 멸망시킴
668년	신라-당나라 연합군, 고구려를 멸망시킴
676년	신라, 당나라를 몰아내고 통일 국가 세움
682년	신라 신문왕, 국학 설립
698년	대조영, 발해 건국
751년	신라 김대성, 불국사와 석굴암 만듦
828년	신라 장보고, 청해진 세움
900년	견훤, 후백제 세움
901년	궁예, 후고구려 건국
918년	왕건, 고려 건국
926년	발해 멸망

찾아보기

ㄱ

가야 81, 107~110, 116~119, 122, 126, 129, 131, 148
가야금 108
가야의 건국신화 107, 108
간석기 22, 26, 27, 31~36, 44, 45
갈돌 33, 34, 45
갈판 26, 27, 34, 45
감은사 168
갑골문자(상형문자) 45, 67
강서대묘 사신도 112, 113
개로왕 128
거란 98, 122, 124, 170~173, 182
거서간 89, 95
거푸집 41~43, 70, 85
검은모루동굴 17
견훤 180, 183, 184, 186~189
경순왕 91, 187, 188
경주 117, 141, 144, 151, 165, 168, 169, 174, 175, 179~184, 187~190
계백 149~153
고구려와 당나라 전쟁 145, 147, 149
고구려와 수나라 전쟁 135~141
고구려의 건국 신화 89
고국원왕 116~118, 122
고인돌 46, 47, 50, 51, 54, 55, 62, 64, 78, 80
고조선 22, 51, 58, 60, 62, 64~73, 76~78, 82, 83, 88
골품제 143, 156, 162
공납 169
관창 150, 151
광개토대왕 73, 122, 124, 126, 128
광개토대왕릉비 126
괭이 13, 33, 79
구리 22, 41, 42, 47
구석기시대 14~26, 29~32, 52, 53
국내성 116, 117, 125~128, 154
국학 163
군장국가 78
굴식돌방무덤 113
궁남지 130
궁예 180, 183~186, 189
근초고왕 116~119
금관가야 108
금성 135, 155, 164, 165, 172, 186
기벌포 전투 154, 155
길쌈 164
김알지 91
김우징 179
김유신 144, 148~157
김춘추(태종무열왕) 143, 148~151, 156, 168, 174

ㄴ

남북국시대 182
내물왕 119
널무덤(토광묘) 80
노비 65~67, 71, 174, 178
논농사 41, 45, 102
농사와 목축 27, 39
누에 79, 103, 104

ㄷ

단군 신화 58~63, 93
단군왕검 58, 60~63, 82, 88
당나라 106, 141~150, 154~157, 165, 168~182, 190, 191
대별왕 소별왕 61
대승 불교 131, 133
대조영 170, 171
덧널무덤(토광목곽묘) 80, 81
독널무덤(옹관묘) 54, 80, 81
돌궐 98, 128, 135, 171
동부여 89, 90, 124
동예 72, 73, 76~79
두루봉동굴 17, 18
뗀석기 12~17, 22, 25, 27, 31, 33, 44

ㅁ

마의태자 188
마한 76~81, 89, 101, 116
말갈 98, 170~172
목지국 101
몽골 98
몽촌토성 100
무령왕 129, 159
무령왕릉 158, 159
무왕(백제) 141
무왕(발해) 171, 173
무천 72
문왕(발해) 173, 174, 180
문자 22, 41, 44, 67

문제 135~137
물물교환 39, 40, 104
미천왕 116
미추홀 92, 99
민며느리 풍습 77
무늬 없는 토기(민무늬토기) 46

ㅂ

바닷길 32, 39, 99, 109, 177~179, 191
바둑판식 고인돌 46, 47, 50, 55, 78
바퀴 41, 44, 45
박혁거세 89, 91, 92, 95
반달돌칼 45, 46
발해 170~174, 177~182, 186
발해 석등 171
발해고 182
방사성 탄소 측정법 15
백제의 건국 신화 90, 93
법흥왕 129, 130, 134, 192
베틀 103, 104
변한 76, 78~81, 108, 109
부여 22, 68, 71~73, 76, 99
북한산 순수비 131, 132

불교 106, 119, 122, 123, 131, 134, 141~143, 156, 157, 168, 185
불국사 192, 193
비류 90, 92
비파형 청동검 46, 47, 50, 51
빗살무늬토기 33~35, 38, 46

ㅅ

사기 82
사냥 13, 14, 20, 23~27, 31, 72, 77, 98, 102
사비(부여) 129
살수대첩 137, 140
삼국유사 58, 62, 64, 107, 134
3성 6부 135, 174
삼한 22, 72, 78~81
상나라 67, 82
상대등 163, 175
샤머니즘 63
서라벌 88~91, 94, 95
석굴암 169
석탈해 91
선덕여왕 133, 142, 144, 148, 156, 157
선비(부족) 98, 116
선사시대 22, 39, 59, 63, 80, 100
선왕 180, 182
성골 143, 156, 174
성왕 129, 130, 141
성읍국가 78, 93
세금 94, 104, 135, 144, 156, 157, 163, 165, 169, 180, 183
세형 청동검 46, 47, 50, 51, 78
소국(작은 나라) 78, 93~96, 101
소도 78
소수림왕 122, 123
송현동 무덤 110
수나라 131, 135~141, 145

수로 102
수막새 106
순장 110, 111
시황제 67
신단수(신성한 나무) 58, 63
신라-당나라 연합군 150, 154
신라방 177
신라의 건국 신화 88, 92
신무왕 179, 180
신문왕 162, 163, 165, 168
신석기시대 22, 26~40, 46, 53, 66
씨족 사회 30, 31, 40, 41

ㅇ

아사달 58
안시성 145~147
안악 3호 무덤 103
애니미즘 63
야마토 정권 118, 119
양면 주먹도끼 18, 21
양제 135~137, 141
연개소문 141, 145, 148, 150, 154
연나라 67, 68, 82
연맹국가 93, 94, 96, 97
염장 180
영고 72
5소경 164, 165, 174
오스트랄로피테쿠스 10, 11, 15, 16
5호16국시대 116
옥저 73, 76, 77, 99

찾아보기

온돌 107
온조 90, 92
왕건 180, 185~189
우거 69, 83
우륵 108
움집 28, 31, 33, 36, 46, 47, 73, 106
위례성 92, 100
위만 68, 69, 77, 82, 83
위만조선 68, 69, 79, 82, 106
유목민 72, 98, 129
6두품 143, 181
을지문덕 136, 138
의자왕 141, 149, 150
이승훈 64
이정기 190, 191
이차돈 134
일연 58, 64
임신서기석 151

ㅈ

잔무늬청동거울 84, 85
장보고 176~180, 183, 190, 191
장수왕 124~128
전곡리 18, 21
전연 116, 122
제사장 60, 63, 78, 79
제왕운기 64
제천 의식 72, 74
졸본 89, 90, 95
주먹도끼 13, 22

주몽(동명성왕) 72, 89~92, 95
준왕 68, 69, 82, 83
중앙집권제 94~97, 101, 109, 119
지증왕 95, 129
진골 143, 149, 162, 174, 175
진국 68, 78
진나라 67, 68, 82
진덕여왕 143, 149, 157, 174
진성여왕 157, 181, 183
진한 76, 78~81, 88, 89, 119
진흥왕 130~133, 142, 151, 156

ㅊ

창세 신화 61
채집 13, 14, 20, 23~27, 31, 38, 77
천부인 58, 59
철광석 69, 70, 79, 109
철기시대 22, 28, 70, 76
첨성대 144, 156
청동 도구 42, 85
청동검 42, 43, 46, 47, 50, 51, 59
청동기시대 22, 28, 40, 42, 44~49, 54, 55, 65, 66, 70, 84, 85
청해진 176, 178~180, 190
최치원 143, 157, 181
칠지도 118

ㅌ

탁자식 고인돌 46, 47, 50, 54
태조왕 95, 99

태종(당나라) 144~147, 149
토기 28~38, 41, 43, 46, 80, 81, 100, 159
토테미즘 63

ㅍ~ㅎ

8조금법 65
평양성 58, 62, 117, 118, 125, 136, 137, 150, 154
풍납토성 100
한강 유역 99~101, 116, 117, 121, 122, 128~132, 165
한군현(한사군) 68, 69
한자 67, 69, 79, 118, 126
해동성국 182
해모수 89
해상 무역 99, 121, 178, 191
호모 사피엔스 11, 16
호모 사피엔스 사피엔스 11, 16, 52
호모 에렉투스 11, 16, 52
호모 하빌리스 11, 12
호족 180, 183, 185~189
화백회의 95, 142, 149, 162, 163, 175
화석 10, 11, 15~23, 52, 53
환웅 58~63
황룡사(황룡사 9층목탑) 133, 144, 157
황산벌 150~153
후삼국 180, 183, 186, 187, 189
흑요석 39
흥수아이 18, 19

사진·그림 자료 제공 및 출처

10쪽 루시 화석 **에티오피아국립박물관** | 10쪽 루시 복원 모형 **스페인 인류진화박물관**
13쪽 찍개, 긁개 **국립중앙박물관** | 13쪽 주먹도끼 **에티오피아 멜카쿤트레박물관** | 14쪽 슴베 **국립중앙박물관**
17쪽 두루봉동굴 발굴 **충북대학교박물관** | 18쪽 전곡리 주먹도끼 **국립중앙박물관**
19쪽 흥수아이 뼈 화석, 복원 모형 **충북대학교박물관** | 29쪽 메소포타미아 토기 **이라크국립박물관**
29쪽 황하 토기 **상하이박물관** | 30쪽 가락바퀴 **국립중앙박물관** | 33쪽 암사동 집터 **문화재청**
34쪽 낚싯바늘 **국립김해박물관** | 34쪽 신석기 유물 **국립중앙박물관** | 35쪽 지역 별 토기 **한국대학박물관협회**
38쪽 빗살무늬토기 **국립중앙박물관** | 39쪽 흑요석 **국립김해박물관** | 43쪽 거푸집과 청동검 **국립중앙박물관**
44쪽 춤추는 소녀 청동상 **인도국립박물관** | 44쪽 청동 허리띠 **대영박물관** | 46쪽 반달돌칼 **국립중앙박물관**
47쪽 청동기 마을 **국립중앙박물관** | 51쪽 청동검 **국립중앙박물관** | 52~53쪽 고대 인류 복원 그림 **전곡선사박물관**
54쪽 탁자식 고인돌 **이지수** | 55쪽 바둑판식 고인돌 **이지수** | 59쪽 청동기 유물 **국립중앙박물관**
60쪽 단군왕검 **부여천진전(정림사지박물관)** | 65쪽 농경문청동기 **국립중앙박물관**
71쪽 금동 가면 **국립중앙박물관** | 73쪽 움집터 **춘천박물관** | 79쪽 변한 철기 유물 **국립김해박물관**
80쪽 마한 독널무덤과 부장품 **국립나주박물관** | 84쪽 잔무늬청동거울 **국립중앙박물관**
88쪽 오릉 **경주시 관광자원영상이미지** | 90쪽 오녀산성 **고구려발해학회** | 92쪽 몽촌토성 **문화재청**
103쪽 안악 3호 무덤 **동북아역사재단** | 105쪽 〈공양행렬도〉 **국립중앙박물관**
106쪽 짐승얼굴무늬 수막새 **국립중앙박물관** | 108쪽 가야 유물 **국립김해박물관**
110쪽 송현동 무덤 발굴 그림 **국립가야문화재연구소** | 111쪽 송현이 복원 모형 **국립가야문화재연구소**
112쪽 〈사신도〉 **국립중앙박물관** | 118쪽 백제관음상 **일본 호류지** | 119쪽 칠지도 **일본 이소노카미신궁**
124쪽 통구 12호 무덤 벽화 **국립중앙박물관** | 127쪽 충주고구려비 **문화재청** | 130쪽 궁남지 **문화재청**
131쪽 북한산 순수비 **문화재청** | 133쪽 황룡사지터 **경주시 관광자원영상이미지**
133쪽 황룡사 9층목탑 모형 **국립경주박물관** | 134쪽 이차돈 순교비 **국립경주박물관**
140쪽 고구려 산성 **동북아역사재단** | 142쪽 〈삼국 사신〉 **타이완국립고궁박물관**
144쪽 첨성대 **경주시 관광자원영상이미지** | 146쪽 〈장의조출행도〉 **중국 돈황 막고굴 156호굴**
151쪽 임신서기석 **국립경주박물관** | 158쪽 무령왕릉 **국립공주박물관** | 162쪽 월지 **경주시 관광자원영상이미지**
168쪽 감은사 3층석탑, 대왕암 **경주시 관광자원영상이미지** | 169쪽 석굴암 **경주시 관광자원영상이미지**
170쪽 상경성 우물 **동북아역사재단** | 171쪽 발해 석등 **동북아역사재단** | 175쪽 포석정 **경주시 관광자원영상이미지**
176쪽 청해진 **완도군청** | 181쪽 최치원 **정읍 무성서원(정읍시립박물관)** | 183쪽 후백제 왕궁터 **전주문화지킴이**
192쪽 불국사 **경주시 관광자원영상이미지** | 193쪽 다보탑, 석가탑 **경주시 관광자원영상이미지**

• 저작권자를 찾지 못해 게재 허락을 받지 못한 사진은 저작권자가 확인되는 대로 사용 허가를 받고 통상의 사용료를 지급하겠습니다.